U0097652

編者的話

　　「學科能力測驗」是「指定科目考試」的前哨站，雖然難度較「指考」低，但是考試內容以及成績，仍然非常具有參考價值，而且「學測」考得好的同學，還可以甄選入學的方式，比別人早一步進入理想的大學，提前放暑假。

　　學習出版公司以最迅速的腳步，在一個禮拜內，出版105年學科能力測驗各科詳解，展現出最驚人的效率。本書包含 105 年度「學測」各科試題：英文、數學、社會、自然和國文，做成「**105年學科能力測驗各科試題詳解**」，書後並附有大考中心所公佈的各科選擇題答案。另外，在英文科詳解後面，還附上了英文試題修正意見及英文考科選文出處，讀者可利用空檔時間，上網瀏覽那些網站，增進自己的課外知識，並了解出題方向。

　　這本書的完成，要感謝各科名師全力協助解題：

英文 / 謝靜芳老師・蔡琇瑩老師・李冠勳老師
　　　葉哲榮老師・謝沛叡老師・藍郁婷老師
　　　美籍老師 Laura E. Stewart
　　　　　　　　Christain A. Brieske

數學 / 陳怡婷老師・高　鳴老師

社會 / 李　曄老師・向　恆老師・劉成霖老師

國文 / 陳　星老師・李雅清老師

自然 / 趙人平老師・林元培老師・曾士剛老師
　　　詹宗岳老師

　　本書編校製作過程嚴謹，但仍恐有缺失之處，尚祈各界先進不吝指正。

劉　毅

CONTENTS

105 年大學入學學科能力測驗試題
英文考科

第壹部分：單選題（占 72 分）

一、詞彙題（占 15 分）

說明： 第 1 題至第 15 題，每題有 4 個選項，其中只有一個是正確或最適當的
選項，請畫記在答案卡之「選擇題答案區」。各題答對者，得 1 分；
答錯、未作答或畫記多於一個選項者，該題以零分計算。

1. Posters of the local rock band were displayed in store windows to
   promote the sale of their _____ tickets.
   (A) journey　　(B) traffic　　(C) concert　　(D) record

2. Maria didn't want to deliver the bad news to David about his failing
   the job interview. She herself was quite _____ about it.
   (A) awful　　(B) drowsy　　(C) tragic　　(D) upset

3. The newcomer speaks with a strong Irish _____; he must be from
   Ireland.
   (A) accent　　(B) identity　　(C) gratitude　　(D) signature

4. Although Maggie has been physically _____ to her wheelchair
   since the car accident, she does not limit herself to indoor activities.
   (A) ceased　　(B) committed　　(C) confined　　(D) conveyed

5. All passengers riding in cars are required to fasten their seatbelts in
   order to reduce the risk of _____ in case of an accident.
   (A) injury　　(B) offense　　(C) sacrifice　　(D) victim

6. The principal of this school is a man of exceptional _____. He
   sets aside a part of his salary for a scholarship fund for children
   from needy families.
   (A) security　　(B) maturity　　(C) facility　　(D) generosity

7. The science teacher always _____ the use of the laboratory equipment before she lets her students use it on their own.

(A) tolerates　　(B) associates　　(C) demonstrates　　(D) exaggerates

8. Most of the area is covered by woods, where bird species are so _____ that it is a paradise for birdwatchers.

(A) durable　　(B) private　　(C) realistic　　(D) numerous

9. In most cases, the committee members can reach agreement quickly. _____, however, they differ greatly in opinion and have a hard time making decisions.

(A) Occasionally　　　　　　(B) Automatically
(C) Enormously　　　　　　(D) Innocently

10. Many people try to save a lot of money before _____, since having enough money would give them a sense of security for their future.

(A) isolation　　　　　　(B) promotion
(C) retirement　　　　　　(D) announcement

11. In winter, our skin tends to become dry and _____, a problem which is usually treated by applying lotions or creams.

(A) alert　　(B) itchy　　(C) steady　　(D) flexible

12. Benson married Julie soon after he had _____ her heart and gained her parents' approval.

(A) conquered　　(B) estimated　　(C) guaranteed　　(D) intensified

13. The recent flood completely _____ my parents' farm. The farmhouse and fruit trees were all gone and nothing was left.

(A) ruined　　(B) cracked　　(C) hastened　　(D) neglected

14. The results of this survey are not reliable because the people it questioned were not a typical or _____ sample of the entire population that was studied.

(A) primitive　　(B) spiritual　　(C) representative　　(D) informative

15. In line with the worldwide green movement, carmakers have been working hard to make their new models more _____ friendly to reduce pollution.

　(A) liberally　(B) individually　(C) financially　(D) environmentally

二、綜合測驗（占 15 分）

說明： 第 16 題至第 30 題，每題一個空格，請依文意選出最適當的一個選項，請畫記在答案卡之「選擇題答案區」。各題答對者，得 1 分；答錯、未作答或畫記多於一個選項者，該題以零分計算。

第 16 至 20 題為題組

　　Bill and Sam decided to kidnap the son of a banker to compensate for their business loss. They kidnapped the boy and hid him in a cave. They asked for a ransom of $2,000 to return the boy. ___16___, their plan quickly got out of control. Their young captive ___17___ to be a mischievous boy. He viewed the kidnapping as a wonderful camping trip. He demanded that his kidnappers play tiring games with him, such as riding Bill as a horse for nine miles. Bill and Sam were soon desperate and decided to ___18___ the little terror. They lowered the price to $1,500. Yet, knowing perfectly well ___19___ a troublemaker his son was, the father refused to give them any money. ___20___, he asked the kidnappers to pay him $250 to take the boy back. To persuade the boy to return home, Bill and Sam had to tell him that his father was taking him bear-hunting. The kidnappers finally handed over the boy and $250 to the banker and fled town as quickly as they could.

16. (A) However　　　(B) Otherwise　(C) Furthermore　(D) Accordingly
17. (A) made believe　(B) got along　　(C) turned out　　(D) felt like
18. (A) hold on to　　　　　　　　　　(B) get rid of
　　(C) make fun of　　　　　　　　　(D) take advantage of
19. (A) how　　　　　(B) that　　　　(C) why　　　　　(D) what
20. (A) Namely　　　　(B) Altogether　(C) Simply　　　　(D) Instead

第 21 至 25 題為題組

A polygraph machine, also known as a "lie detector," is a common part of criminal investigations. The instrument is used to measure   21   a person's body reacts to questions. The theory underlying it is that lying is stressful, and that this stress can be measured and recorded on a polygraph machine.

When a person takes a polygraph test, four to six wires, called sensors, are   22   to different parts of his body. The sensors pick up signals from the person's blood pressure, pulse, and perspiration.   23   the process of questioning, all the signals are recorded on a single strip of moving paper. Once the questions are finished, the examiner analyzes the results to determine if the person tested   24   truthful.

Well-trained examiners can usually detect lying with a high degree of   25   when they use a polygraph. However, because different people behave differently when lying, a polygraph test is by no means perfect.

21. (A) what   (B) when   (C) how   (D) why
22. (A) adapted   (B) attached   (C) related   (D) restricted
23. (A) Before   (B) Among   (C) Without   (D) Throughout
24. (A) was being   (B) would be   (C) was to be   (D) would have been
25. (A) quantity   (B) accuracy   (C) possibility   (D) emergency

第 26 至 30 題為題組

International trade is the exchange of goods and services between countries. Trade is driven by different production costs in different countries, making   26   cheaper for some countries to import goods rather than make them. A country is said to have a comparative advantage over another when it can produce a commodity more cheaply. This comparative advantage is   27   by key factors of production such as land, capital, and labor.

While international trade has long been conducted in history, its economic, social, and political importance has been ___28___ in recent centuries. During the 1990s, international trade grew by nearly 8.6% each year. In the year 1990 alone, the growth in trade in services was as high as 19%.

Today, all countries are involved in, and to varying degrees dependent on, trade with other countries. ___29___ international trade, nations would be limited to the goods and services produced within their own borders. Trade is certainly a main ___30___ force for globalization. It is also the subject of many international agreements that aim to govern and facilitate international trade, such as those negotiated through the World Trade Organization (WTO).

26. (A) them　　　(B) such　　　(C) what　　　(D) it
27. (A) installed　(B) reserved　(C) opposed　(D) determined
28. (A) to the point　(B) on the rise　(C) off the hook　(D) for the record
29. (A) Despite　　(B) Between　　(C) Without　　(D) Under
30. (A) driving　　(B) pulling　　(C) riding　　(D) bringing

三、文意選填（占 10 分）

說明： 第 31 題至第 40 題，每題一個空格，請依文意在文章後所提供的 (A) 到 (J) 選項中分別選出最適當者，並將其英文字母代號畫記在答案卡之「選擇題答案區」。各題答對者，得 1 分；答錯、未作答或畫記多於一個選項者，該題以零分計算。

第 31 至 40 題為題組

Are forests always created by nature? A man from rural India proves that this is not necessarily ___31___.

Abdul Kareem, who used to be an airline ticketing agent, has a great love for the woods. Though he never went to college, he can talk about plants and trees like an expert. In 1977, he bought a piece of rocky wasteland with the ___32___ of growing trees on it. In the beginning, people thought he was ___33___ to waste his time and money on the land. But he simply ___34___ them and kept working on the soil and planting trees there. The land was so ___35___ that it had to be watered several times a day. Kareem had to fetch the water from a source that was a kilometer away. In the first two years, none of the trees he planted ___36___. However, in the third year, several young trees started growing. Greatly ___37___ by the result, Kareem planted more trees and his man-made forest began to take shape.

Kareem let his forest grow naturally, without using fertilizers or insecticides. He believed in the ability of nature to renew itself without the ___38___ of humans. That's why he did not allow fallen leaves or twigs from the forest to be removed.

After years of hard work, Kareem has not only realized his dream but also transformed a piece of ___39___ property into a beautiful forest. Today, his forest is home to 1,500 medicinal plants, 2,000 varieties of trees, rare birds, animals, and insects. Now, scientists from all over the world come to visit his ___40___. They hope to find the secret of his success.

(A) deserted	(B) interference	(C) vision	(D) crazy
(E) creation	(F) encouraged	(G) ignored	(H) survived
(I) dry	(J) true		

四、閱讀測驗（占 32 分）

說明： 第 41 題至第 56 題，每題請分別根據各篇文章之文意選出最適當的一個選項，請畫記在答案卡之「選擇題答案區」。各題答對者，得 2 分；答錯、未作答或畫記多於一個選項者，該題以零分計算。

第 41 至 44 題為題組

In Japan, a person's blood type is popularly believed to decide his/ her temperament and personality. Type-A people are generally considered sensitive perfectionists and good team players, but over-anxious. Type

Os are curious and generous but stubborn. Type ABs are artistic but mysterious and unpredictable, and type Bs are cheerful but eccentric, individualistic, and selfish. Though lacking scientific evidence, this belief is widely seen in books, magazines, and television shows.

The blood-type belief has been used in unusual ways. The women's softball team that won gold for Japan at the Beijing Olympics is reported to have used blood-type theories to customize training for each player. Some kindergartens have adopted teaching methods along blood group lines, and even major companies reportedly make decisions about assignments based on an employee's blood type. In 1990, Mitsubishi Electronics was reported to have announced the formation of a team composed entirely of AB workers, thanks to "their ability to make plans."

The belief even affects politics. One former prime minister considered it important enough to reveal in his official profile that he was a type A, while his opposition rival was type B. In 2011, a minister, Ryu Matsumoto, was forced to resign after only a week in office, when a bad-tempered encounter with local officials was televised. In his resignation speech, he blamed his failings on the fact that he was blood type B. The blood-type craze, considered simply harmless fun by some Japanese, may manifest itself as prejudice and discrimination. In fact, this seems so common that the Japanese now have a term for it: *burahara*, meaning blood-type harassment. There are reports of discrimination leading to children being bullied, ending of happy relationships, and loss of job opportunities due to blood type.

41. What is the speaker's attitude toward the blood-type belief in Japan?
    (A) Negative.   (B) Defensive.   (C) Objective.   (D) Encouraging.

42. According to the examples mentioned in the passage, which blood type can we infer is the **LEAST** favored in Japan?
    (A) Type A.   (B) Type B.   (C) Type O.   (D) Type AB.

43. Why did Prime Minister Ryu Matsumoto resign from office?
    (A) He revealed his rival's blood type.
    (B) He was seen behaving rudely on TV.
    (C) He blamed his failings on local officials.
    (D) He was discriminated against because of blood type.

44. Which field is **NOT** mentioned in the passage as being affected
    by blood-type beliefs?
    (A) Education.　　(B) Sports.　　(C) Business.　　(D) Medicine.

第 45 至 48 題為題組

　　Like many other five-year-olds, Jeanie Low of Houston, Texas, would use a stool to help her reach the bathroom sink. However, the plastic step-stool she had at home was unstable and cluttered up the small bathroom shared by her whole family. After learning of an invention contest held by her school that year, Jeanie resolved to enter the contest by creating a stool that would be a permanent fixture in the bathroom, and yet could be kept out of the way when not in use.

　　Jeanie decided to make a stool attached to the bathroom cabinet door under the sink. She cut a plank of wood into two pieces, each about two feet wide and one foot long. Using metal hinges, Jeanie attached one piece of the wood to the front of the cabinet door, and the second piece to the first. The first piece was set just high enough so that when it swung out horizontally from the cabinet door, the second piece would swing down from the first, just touching the ground, and so serving as a support for the first piece of the wood. This created a convenient, sturdy platform for any person too short to reach the sink. When not in use, the hinges allowed the two pieces of wood to fold back up tightly against the cabinet, where they were held in place by magnets. Jeanie called her invention the "Kiddie Stool."

　　Jeanie's Kiddie Stool won first place in her school's contest. Two years later, it was awarded first prize again at Houston's first annual Invention Fair. As a result, Jeanie was invited to make a number of public appearances with her Kiddie Stool, and was featured on local TV as well as in newspapers. Many people found the story of the Kiddie Stool inspiring because it showed that with imagination, anyone can be an inventor.

45. Why did Jeanie Low invent the Kiddie Stool, according to the passage?
    (A) Many other five-year-olds had problems reaching the bathroom sink.
    (B) She did not think that plastic stools were tall enough for her.
    (C) The stool in her bathroom was not firm and often got in the way.
    (D) She was invited to enter an invention contest held by her school.

46. Which of the following statements is true about how the Kiddie Stool works?
    (A) The Kiddie Stool will swing out only when the cabinet door opens.
    (B) It uses hinges and magnets to keep the wooden pieces in place.
    (C) It swings from left to right to be attached to the cabinet door.
    (D) The platform is supported by two pieces of metal.

47. What are the characteristics of Jeanie's Kiddie Stool?
    (A) Permanent and foldable.　　(B) Fragile and eye-catching.
    (C) Conventional and touching.　(D) Convenient and recyclable.

48. Which of the following sayings best captures the spirit of Jeanie Low's story?
    (A) Failure is the mother of success.
    (B) There's nothing new under the sun.
    (C) Necessity is the mother of invention.
    (D) Genius is 1% inspiration and 99% perspiration.

第 49 至 52 題為題組

　　Ongoing conflicts across the Middle East have prevented more than 13 million children from attending school, according to a report published by **UNICEF**, the United Nations Children's Fund.

The report states that 40% of all children across the region are currently not receiving an education, which is a result of two consequences of violence: structural damage to schools and the displacement of populations, also called "forced migration." Both issues result from the tide of violence that has crossed the region in recent years. The report examines nine countries where a state of war has become the norm. Across these countries, violence has made 8,500 schools unusable. In certain cases, communities have relied on school buildings to function as shelters for the displaced, with up to nine families living in a single classroom in former schools across **Iraq**.

The report pays particularly close attention to Syria, where a bloody civil war has displaced at least nine million people since the war began in 2011. With the crisis now in its fifth year, basic public services, including education, inside Syria have been stretched to breaking point. Within the country, the quality and availability of education depends on whether a particular region is suffering violence.

The report concludes with an earnest request to international policymakers to distribute financial and other resources to ease the regional crisis. With more than 13 million children already driven from classrooms by conflict, it is no exaggeration to say that the educational prospects of a generation of children are **in the balance**. The forces that are crushing individual lives and futures are also destroying the prospects for an entire region.

49. What is this article mainly about?
    (A) Why people are moving away from their own countries.
    (B) Why there are civil wars and violence in the Middle East.
    (C) Why many schools have become shelters for displaced families.
    (D) Why many children in the Middle East are not attending school.

50. Why is "**Iraq**" mentioned in the second paragraph?
    (A) To convince people that temporary housing can be easily found.

(B) To prove that classrooms there are big enough to host many families.

(C) To give an example of why schools are not usable for children's learning.

(D) To show how structural damages of school can affect the quality of education.

51. What does the phrase "**in the balance**" in the last paragraph most likely mean?

(A) Being well taken care of.

(B) In an uncertain situation.

(C) Under control by the authority.

(D) Moving in the wrong direction.

52. According to the passage, which of the following statements is true?

(A) The war in Syria has been going on since 2011.

(B) More than nine thousand schools have been destroyed by wars.

(C) Thirteen million people have been forced to leave their homes in the Middle East.

(D) Forty percent of all children in the world are not attending schools due to ongoing conflict.

第 53 至 56 題為題組

Many marine animals, including penguins and marine iguanas, have evolved ways to get rid of excess salt by using special salt-expelling glands around their tongue. However, the sea snake's salt glands cannot handle the massive amounts of salt that would enter their bodies if they actually drank seawater. This poses a serious problem when it comes to getting enough water to drink. If seawater is not an option, how does this animal survive in the ocean?

An international team of researchers focused on a population of yellow-bellied sea snakes living near Costa Rica, where rain often does not fall for up to seven months out of the year. Because yellow-bellied sea snakes usually spend all of their time far from land, rain is the animals' only source of fresh water. When it rains, a thin layer of fresh water forms on top of the ocean, providing the snakes with a fleeting opportunity to lap up that precious resource. But during the dry season when there is no rain, snakes presumably have nothing to drink. Thus, the team became interested in testing whether sea snakes became dehydrated at sea.

The researchers collected more than 500 yellow-bellied sea snakes and weighed them. They found that during the dry season about half of the snakes accepted fresh water offered to them, while nearly none did during the wet season. A snake's likelihood to drink also correlated with its body condition, with more withered snakes being more likely to drink, and to drink more. Finally, as predicted, snakes captured during the dry season contained significantly less body water than those scooped up in the rainy season. Thus, it seems the snake is able to endure certain degrees of dehydration in between rains. Scientists believe that dehydration at sea may explain the declining populations of sea snakes in some parts of the world.

53. What is the purpose of the study described in this passage?
    (A) To test if sea snakes lose body water at sea.
    (B) To see whether sea snakes drink water offered to them.
    (C) To find out if sea snakes are greatly reduced in population.
    (D) To prove that sea snakes drink only water coming from rivers.

54. Which of the following is true about sea snakes?
    (A) Their salt glands can remove the salt in the seawater.
    (B) They can drink seawater when it mixes with rainwater.
    (C) The ocean is like a desert to them since they don't drink seawater.
    (D) They usually live near the coastal area where there is more fresh water.

55. Which of the following is one of the findings of the study?
    (A) If a sea snake was dried and weak, it drank more fresh water.
    (B) If captured in the wet season, sea snakes drank a lot of fresh water.

(C) Most of the sea snakes had lost a lot of body water when captured.
(D) Dehydration is not a problem among sea snakes since they live at sea.

56. What can be inferred from the study?
(A) Sea snakes can easily survive long years of drought.
(B) Evolution will very likely enable sea snakes to drink seawater.
(C) Sea snakes will be the last creature affected by global warming.
(D) The sea snakes' population distribution is closely related to rainfall.

第貳部份：非選擇題（占 28 分）

說明： 本部分共有二題，請依各題指示作答，答案必須寫在「答案卷」上，並標明大題號（一、二）。作答務必使用筆尖較粗之黑色墨水的筆書寫，且不得使用鉛筆。

一、中譯英（占 8 分）

說明： 1. 請將以下中文句子譯成正確、通順、達意的英文，並將答案寫在「答案卷」上。
 2. 請依序作答，並標明題號。每題 4 分，共 8 分。

1. 相較於他們父母的世代，現今年輕人享受較多的自由和繁榮。
2. 但是在這個快速改變的世界中，他們必須學習如何有效地因應新的挑戰。

二、英文作文（占 20 分）

說明： 1. 依提示在「答案卷」上寫一篇英文作文。
 2. 文長至少 120 個單詞（words）。

提示： 你認為家裡生活環境的維持應該是誰的責任？請寫一篇短文說明你的看法。文分兩段，第一段說明你對家事該如何分工的看法及理由，第二段舉例說明你家中家事分工的情形，並描述你自己做家事的經驗及感想。

105年度學科能力測驗英文科試題詳解

第壹部分：單選題

一、詞彙題：

1. (**C**) Posters of the local rock band were displayed in store windows to promote the sale of their <u>concert</u> tickets. 商店的櫥窗裡展示著當地搖滾樂團的海報，用以促進<u>演唱會</u>門票的銷售量。

    (A) journey〔'dʒɜnı〕 *n.* 旅行   (B) traffic〔'træfɪk〕 *n.* 交通

    (C) ***concert***〔'kɑnsɜt〕 *n.* 音樂會；演唱會

    (D) record〔'rɛkəd〕 *n.* 紀錄

    poster〔'postə〕 *n.* 海報   local〔'lokḷ〕 *adj.* 當地的

    rock〔rɑk〕 *n.* 搖滾樂   band〔bænd〕 *n.* 樂團

    display〔dɪ'sple〕 *v.* 展示   promote〔prə'mot〕 *v.* 促進

2. (**D**) Maria didn't want to deliver the bad news to David about his failing the job interview. She herself was quite <u>upset</u> about it..

    瑪麗亞不想告訴大衛關於他面試不利的消息。瑪麗亞本身就為此很<u>心煩</u>了。

    (A) awful〔'ɔful〕 *adj.* 可怕的   (B) drowsy〔'drauzı〕 *adj.* 想睡的

    (C) tragic〔'trædʒık〕 *adj.* 悲劇的   (D) ***upset***〔ʌp'sɛt〕 *adj.* 心煩意亂的

    deliver〔dɪ'lıvə〕 *v.* 遞送；傳遞   interview〔'ıntə,vju〕 *n.* 面試

    quite〔kwaıt〕 *adv.* 相當地

3. (**A**) The newcomer speaks with a strong Irish <u>accent</u>; he must be from Ireland. 那個新來的人員講話有很重的愛爾蘭<u>腔</u>；他一定是來自愛爾蘭。

    (A) ***accent***〔'æksɛnt〕 *n.* 腔調   (B) identity〔aı'dɛntətı〕 *n.* 身分

    (C) gratitude〔'grætə,tjud〕 *n.* 感謝   (D) signature〔'sıgnətʃə〕 *n.* 簽名

    newcomer〔'nju,kʌmə〕 *n.* 新人   Irish〔'aırıʃ〕 *adj.* 愛爾蘭的

    Ireland〔'aırlənd〕 *n.* 愛爾蘭

4. (**C**) Although Maggie has been physically <u>confined</u> to her wheelchair since the car accident, she does not limit herself to indoor activities.

雖然瑪姬自從車禍以來一直都被迫於坐輪椅，她並不限制自己只能進
行室內活動。

(A) cease〔sis〕v. 停止

(B) commit〔kə'mɪt〕v. 承諾；犯（罪）

(C) *confine*〔kən'faɪn〕v. 限制　　(D) convey〔kən've〕v. 傳達

physically〔'fɪzɪklɪ〕adv. 身體上地　　wheelchair〔'hwil,tʃɛr〕n. 輪椅

indoor〔'ɪn,dor〕adj. 室內的

5. (**A**) All passengers riding in cars are required to fasten their seatbelts in
order to reduce the risk of <u>injury</u> in case of an accident.
所有乘車的乘客都被要求繫緊安全帶，以減少車禍發生時<u>受傷</u>的風險。

(A) *injury*〔'ɪndʒərɪ〕n. 傷害　　(B) offense〔ə'fɛns〕n. 違反

(C) sacrifice〔'sækrə,faɪs〕n. 犧牲

(D) victim〔'vɪktɪm〕n. 受害者

require〔rɪ'kwaɪr〕v. 要求　　fasten〔'fæsn̩〕v. 繫牢

in case of 萬一發生

6. (**D**) The principal of this school is a man of exceptional <u>generosity</u>. He
sets aside a part of his salary for a scholarship fund for children from
needy family. 這間學校的校長是個非常<u>慷慨</u>的人。他會保留部分薪
水，作為窮困家庭小孩的獎學金基金。

(A) security〔sɪ'kjurətɪ〕n. 安全

(B) maturity〔mə'tʃurətɪ〕n. 成熟

(C) facility〔fə'sɪlətɪ〕n. 設施

(D) *generosity*〔,dʒɛnə'rɑsətɪ〕n. 慷慨

principal〔'prɪnsəpl̩〕n. 校長　　exceptional〔ɪk'sɛpʃənl̩〕adj. 特別的

set aside 保留　　salary〔'sælərɪ〕n. 薪水

scholarship〔'skɑlə,ʃɪp〕n. 獎學金　　fund〔fʌnd〕n. 基金

needy〔'nidɪ〕adj. 窮困的

7. (**C**) The science teacher always demonstrates the use of the laboratory
equipment before she lets her students use it on their own.
那位科學教師總是會先<u>示範</u>實驗室的設備如何使用，才讓她的學生自
己操作。

(A) tolerate〔'tɑlə,ret〕v. 容忍

(B) associate〔ə'soʃɪ,et〕v. 聯想

(C) *demonstrate* (ˈdɛmənˌstret) *v.* 示範；示威

(D) exaggerate (ɪgˈzædʒəˌret) *v.* 誇大

laboratory (ˈlæbrəˌtorɪ) *n.* 實驗室

equipment (ɪˈkwɪpmənt) *n.* 裝備；設備

on one's own 靠自己；獨自

8. (**D**) Most of the area is covered by woods, where bird species are so
<u>numerous</u> that it is a paradise for birdwatchers.

這個地區大部分被森林所覆蓋，禽鳥的種類非常<u>多</u>，所以這是賞鳥者
的天堂。

(A) durable (ˈdjʊrəbl̩) *adj.* 耐用的

(B) private (ˈpraɪvɪt) *adj.* 私人的

(C) realistic (ˌriəˈlɪstɪk) *adj.* 現實的

(D) *numerous* (ˈnjumərəs) *adj.* 許多的

cover (ˈkʌvɚ) *v.* 覆蓋　　woods (wʊdz) *n. pl.* 樹林

species (ˈspiʃiz) *n. pl.* 種類　　*so…that~* 如此…以至於~

paradise (ˈpærəˌdaɪs) *n.* 天堂　　birdwatcher (ˈbɝdˌwɑtʃɚ) *n.* 賞鳥者

9. (**A**) In most cases, the committee members can reach agreement quickly.
<u>Occasionally</u> , however, they differ greatly in opinion and have a
hard time making decisions.

在大多數情況下，委員會的成員們可以很快達成共識。然而，<u>偶爾</u>，
他們的意見非常不同，要做出決定很困難。

(A) *occasionally* (əˈkeʒənl̩ɪ) *adv.* 偶爾

(B) automatically (ˌɔtəˈmætɪkl̩ɪ) *adv.* 自動地

(C) enormously (ɪˈnɔrməslɪ) *adv.* 龐大地

(D) innocently (ˈɪnəsn̩tlɪ) *adv.* 天眞地

in most cases 在大多數情況下　　committee (kəˈmɪtɪ) *n.* 委員會

agreement (əˈgrimənt) *n.* 同意；共識　　*reach agreement* 達成共識

quickly (ˈkwɪklɪ) *adv.* 迅速地　　differ (ˈdɪfɚ) *v.* 不同

greatly (ˈgretlɪ) *adv.* 極其；非常　　opinion (əˈpɪnjən) *n.* 意見

have a hard time + V-ing 做某事很困難　　*make a decision* 做決定

10. (**C**) Many people try to save a lot of money before <u>retirement</u>, since
having enough money would give them a sense of security for their
future.

許多人試著在<u>退休</u>前存很多錢，因爲有足夠的錢可以在未來帶給他們安全感。

(A) isolation〔͵aɪsḷ'eʃən〕*n.* 隔離
(B) promotion〔prə'moʃən〕*n.* 升遷
(C) ***retirement***〔rɪ'taɪrmənt〕*n.* 退休
(D) announcement〔ə'naʊnsmənt〕*n.* 宣布

try〔traɪ〕*v.* 試圖　　save〔sev〕*v.* 儲蓄
sense〔sɛns〕*n.* 感覺　　security〔sɪ'kjʊrətɪ〕*n.* 安全
future〔'fjutʃ&〕*n.* 未來

11. (**B**) In winter, our skin tends to become dry and <u>itchy</u>, a problem which is usually treated by applying lotions or creams. 在冬天，我們的皮膚容易變得乾癢，這問題通常可藉由塗抹乳液或乳霜來處理。

(A) alert〔ə'lɝt〕*adj.* 警覺的　　　　(B) ***itchy***〔'ɪtʃɪ〕*adj.* 發癢的
(C) steady〔'stɛdɪ〕*adj.* 穩固的
(D) flexible〔'flɛksəbḷ〕*adj.* 可彎曲的；有彈性的

skin〔skɪn〕*n.* 皮膚　　***tend to + V*** 有～傾向；容易～
dry〔draɪ〕*adj.* 乾燥的　　treat〔trit〕*v.* 處理
apply〔ə'plaɪ〕*v.* 塗抹　　lotion〔'loʃən〕*n.* 乳液
cream〔krim〕*n.* 乳霜

12. (**A**) Benson married Julie soon after he had <u>conquered</u> her heart and gained her parents' approval.
班森一<u>征服</u>了茱莉的心，以及得到她父母的許可後，便娶了茱莉。

(A) ***conquer***〔'kɑŋkɚ〕*v.* 征服　　(B) estimate〔'ɛstə͵met〕*v.* 估計
(C) guarantee〔͵gærən'ti〕*v.* 保證
(D) intensify〔ɪn'tɛnsə͵faɪ〕*v.* 加強

gain〔gen〕*v.* 獲得　　approval〔ə'pruvḷ〕*n.* 認可

13. (**A**) The recent flood completely <u>ruined</u> my parents' farm. The farmhouse and fruit trees were all gone and nothing was left.
最近的洪水整個<u>毀掉</u>了我父母的農場。農舍及果樹全沒了，什麼都不剩。

(A) ***ruin***〔'ruɪn〕*v.* 毀滅　　　　(B) crack〔kræk〕*v.* 破裂
(C) hasten〔'hesṇ〕*v.* 催促；加快　(D) neglect〔nɪ'glɛkt〕*v.* 忽略

recent〔'risṇt〕*adj.* 最近的　　flood〔flʌd〕*n.* 洪水
completely〔kəm'plitlɪ〕*adv.* 完全地

14. (**C**) The results of this survey are not reliable because the people it
questioned were not a typical or <u>representative</u> sample of the entire
population that was studied. 這份調查的結果並不可靠，因為該調查
所詢問的人，並不是典型或<u>有代表性的</u>研究人口樣本。

    (A) primitive (ˈprɪmətɪv) *adj.* 原始的

    (B) spiritual (ˈspɪrɪtʃuəl) *adj.* 精神上的

    (C) *representative* (ˌrɛprɪˈzɛntətɪv) *adj.* 代表性的；典型的

    (D) informative (ɪnˈfɔrmətɪv) *adj.* 給予知識的；教育性的

result (rɪˈzʌlt) *n.* 結果   survey (ˈsɝve) *n.* 調查
reliable (rɪˈlaɪəbḷ) *adj.* 可靠的   question (ˈkwɛstʃən) *v.* 詢問
typical (ˈtɪpɪkḷ) *adj.* 典型的   sample (ˈsæmpḷ) *n.* 樣本
entire (ɪnˈtaɪr) *adj.* 全部的
population (ˌpɑpjəˈleʃən) *n.* 人口   study (ˈstʌdɪ) *v.* 研究；調查

15. (**D**) In line with the worldwide green movement, carmakers have been
working hard to make their new models more <u>environmentally</u>
friendly to reduce pollution. 因應全世界的環保運動，汽車製造業者
一直持續努力，使他們新的車款對<u>環境</u>更友善，以降低污染。

    (A) liberally (ˈlɪbərəlɪ) *adv.* 慷慨地；充分地

    (B) individually (ˌɪndəˈvɪdʒuəlɪ) *adv.* 個別地

    (C) financially (fəˈnænʃəlɪ) *adv.* 財政上

    (D) *environmentally* (ɪnˌvaɪrənˈmɛntḷɪ) *adv.* 環境上地
        environmentally friendly 對環境友善的；環保的

in line with 和…一致；符合   worldwide (ˈwɝldˌwaɪd) *adj.* 全世界的
green (grin) *adj.* 綠色的；環保的
movement (ˈmuvmənt) *n.* 運動；活動
carmaker (ˈkɑrˌmekḷ) *n.* 汽車製造業者   model (ˈmɑdḷ) *n.* 款式
reduce (rɪˈdjuz) *v.* 降低；減少   pollution (pəˈluʃən) *n.* 污染

二、綜合測驗：

<u>第 16 至 20 題為題組</u>

    Bill and Sam decided to kidnap the son of a banker to compensate for
their business loss. They kidnapped the boy and hid him in a cave. They
asked for a ransom of $2,000 to return the boy. <u>However</u>, their plan quickly
got out of control.

　　比爾和山姆決定要綁架一位銀行家的兒子，來補償他們生意上的損失。他們綁架了小男孩，把他藏在洞穴中。他們要求要兩千元的贖金才肯釋放小男孩，然而，這項計畫很快就失控了。

> decide〔dɪˈsaɪd〕*v.* 決定　　　　kidnap〔ˈkɪdnæp〕*v.* 綁架；勒贖
> banker〔ˈbæŋkɚ〕*n.* 銀行家　　***compensate for*** 補償；彌補
> compensate〔ˈkɑmpənˌset〕*v.* 彌補　　　cave〔kev〕*n.* 洞穴
> ***ask for*** 要求　　ransom〔ˈrænsəm〕*n.* 贖金
> plan〔plæn〕*n.* 計畫；方法　　***out of control*** 失去控制

16. (**A**) 依句意，應選 (A) ***However***〔haʊˈɛvɚ〕*adv.* 然而。
　　　　(B) Otherwise〔ˈʌðɚˌwaɪz〕*adv.* 否則
　　　　(C) Furthermore〔ˈfɝðɚˌmor〕*adv.* 再者；此外
　　　　(D) Accordingly〔əˈkɔrdɪŋlɪ〕*adv.* 因此，皆不合句意。

Their young captive <u>turned out</u> to be a mischievous boy. He viewed the
　　　　　　　　　　17
kidnapping as a wonderful camping trip. He demanded that his kidnappers
play tiring games with him, such as riding Bill as a horse for nine miles.

　　這個年幼的俘虜結果是一個調皮的小男孩。他把綁架看成一場美好的野營之旅。他要求綁匪跟他玩相當累人的遊戲，像是把比爾當馬騎九哩。

> captive〔ˈkæptɪv〕*n.* 俘虜　　　mischievous〔ˈmɪstʃɪvəs〕*adj.* 調皮的
> ***view A as B*** 視 A 為 B　　kidnapping〔ˈkɪdnæpɪŋ〕*n.* 綁架
> camping〔ˈkæmpɪŋ〕*n.* 野營　　demand〔dɪˈmænd〕*v.* 要求
> tiring〔ˈtaɪrɪŋ〕*adj.* 令人疲倦的

17. (**C**) 依句意，選 (C) ***turned out (to be)*** 結果是
　　　　而 (A) make believe　假裝，(B) get along　和睦相處，(D) feel like　想要，皆不合句意。

Bill and Sam were soon desperate and decided to <u>get rid of</u> the little terror.
　　　　　　　　　　　　　　　　　　　　　　18
They lowered the price to $1,500. Yet, knowing perfectly well <u>what</u> a
　　　　　　　　　　　　　　　　　　　　　　　　　　　　19
troublemaker his son was, the father refused to give them any money.

　　比爾和山姆很快就絕望了，決定要擺脫這個小夢魘。他們把贖金降低到1500元。然而，男孩的父親深知他兒子是個搗蛋鬼，所以拒絕給他們贖金。

> desperate〔'dɛspərɪt〕*adj.* 絕望的　　terror〔'tɛrɚ〕*n.* 麻煩的傢伙
> lower〔'loɚ〕*v.* 降低　　perfectly〔'pɝfɪktlɪ〕*adv.* 十分；非常
> troublemaker〔'trʌbl̩ˌmekɚ〕*n.* 惹麻煩的人　　refuse〔rɪ'fjuz〕*v.* 拒絕

18. (**B**) 依句意，選 (B) *get rid of* 擺脫。
     (A) hold on to　抓住；堅持，(C) make fun of　取笑；嘲弄，
     (D) take advantage of　利用，皆不合句意

19. (**D**) 此處感歎句為名詞子句，做 knowing 的受詞，要用「*what* a + (形) +
     單 N + S + V」，選 (D)。
     (A) 要用 how + 形/副 + S + V，(B) 應改成 that his son was a
     troublemaker，不倒裝，文法均錯誤。

> Instead, he asked the kidnappers to pay him $250 to take the boy back.
>   20
> To persuade the boy to return home, Bill and Sam had to tell him that his
> father was taking him bear-hunting.　The kidnappers finally handed over the
> boy and $250 to the banker and fled town as quickly as they could.

　　他反而要求綁匪付他250元，他才肯帶回小男孩。為了說服小男孩回家，比爾
和山姆還必須跟小男孩說，他的父親要帶他去獵熊。最後，綁匪終於把小男孩和
250元交付給銀行家，並且儘快逃離城鎮。

> ask〔æsk〕*v.* 要求　　persuade〔pɚ'swed〕*v.* 說服
> hunt〔hʌnt〕*v.* 狩獵　　***hand over*** 交出
> ***hand over A to B*** 把 A 交付給 B　　*as ~ as one can* 儘可能 ~
> flee〔fli〕*v.* 逃走【三態變化：flee-fled-fled】

20. (**D**) 依句意，選 (D) *Instead*〔ɪn'stɛd〕*adv.* 反而；代替。
     而 (A) Namely〔'nemlɪ〕*adv.* 也就是，
     (B) Altogether〔ˌɔltə'gɛðɚ〕*adv.* 完全地；總計
     (C) Simply〔'sɪmplɪ〕*adv.* 簡單地，皆不合句意

第 21 至 25 題為題組

　　A polygraph machine, also known as a "lie detector," is a common part
of criminal investigations.　The instrument is used to measure how a person's
                                                                    21
body reacts to questions.　The theory underlying it is that lying is stressful,
and that this stress can be measured and recorded on a polygraph machine.

　　測謊器又稱作「謊言偵測器」，是犯罪調查很常見的一部分。這個儀器是用來測量一個人的身體，對問題會有怎麼樣的反應。它的理論基礎，就是說謊會有很大的壓力，而這個壓力可以被測量並記錄在測謊器上。

> polygraph (ˈpɑlɪ͵græf) *n.* 測謊器　　***be known as*** 被稱為
> lie (laɪ) *n.* 謊言　*v.* 說謊　　detector (dɪˈtɛktə) *n.* 偵測器
> ***lie detector*** 測謊器　　common (ˈkɑmən) *adj.* 常見的
> criminal (ˈkrɪmən̩l) *adj.* 犯罪的
> investigation (ɪn͵vɛstəˈgeʃən) *n.* 調查
> instrument (ˈɪnstrəmənt) *n.* 儀器；工具　　measure (ˈmɛʒə) *v.* 測量
> react (rɪˈækt) *v.* 反應 < *to* >　　theory (ˈθiərɪ) *n.* 理論
> underlie (͵ʌndəˈlaɪ) *v.* 位於…之下；成為…的基礎
> stressful (ˈstrɛsfəl) *adj.* 壓力大的　　stress (strɛs) *n.* 壓力

21. (**C**) 依句意，測量一個人的身體對問題會有「怎麼樣的」反應，選 (C) ***how*** 。

When a person takes a polygraph test, four to six wires, called sensors, are <u>attached</u> to different parts of his body. The sensors pick up signals from
　　　　22
the person's blood pressure, pulse, and perspiration. <u>Throughout</u> the process
　　　　　　　　　　　　　　　　　　　　　　　　　23
of questioning, all the signals are recorded on a single strip of moving paper.
Once the questions are finished, the examiner analyzes the results to determine
if the person tested <u>was being</u> truthful.
　　　　　　　　24

　　當一個人接受測謊，會有四到六條叫作感應器的電線，被貼在他身體不同的部位。這些感應器會接收到來自那人的血壓、脈搏，以及流汗的信號。在整個詢問的過程中，所有的信號都被記錄在一長條會移動的紙上。一當問題結束，審查人員會分析結果，以判定接受測謊的人當時是否有說實話。

> ***take a test*** 接受測驗　　wire (waɪr) *n.* 電線
> sensor (ˈsɛnsə) *n.* 感應器　　***pick up*** 接收到；探測到；發現
> signal (ˈsɪgn̩l) *n.* 信號　　***blood pressure*** 血壓
> pulse (pʌls) *n.* 脈搏　　perspiration (͵pɝspəˈreʃən) *n.* 流汗
> process (ˈprɑsɛs) *n.* 過程　　question (ˈkwɛstʃən) *v.* 詢問；質問
> single (ˈsɪŋg̩l) *adj.* 單一的　　strip (strɪp) *n.* 細長的一條
> moving (ˈmuvɪŋ) *adj.* 正在動的；會移動的
> examiner (ɪgˈzæmɪnə) *n.* 審查人員　　analyze (ˈæn̩͵aɪz) *v.* 分析
> determine (dɪˈtɝmɪn) *v.* 決定；判定
> truthful (ˈtruθfəl) *adj.* 說實話的；誠實的

22. (**B**) 依句意，選 (B) *attached*。 attach〔ə'tætʃ〕v. 附上；貼上 < *to* >
而 (A) adapt〔ə'dæpt〕v. 適應；改編，(C) relate〔rɪ'let〕v. 使有關連，
(D) restrict〔rɪ'strɪkt〕v. 限制，則不合句意。

23. (**D**) 依句意，「在整個」詢問的過程「中」，選 (D) *Throughout*。
throughout〔θru'aʊt〕prep. 在…期間一直

24. (**A**) 依句意，判定接受測謊的人「當時」是否有說實話，動詞應用「過去
式」或「過去進行式」，故選 (A) *was being*。

　　Well-trained examiners can usually detect lying with a high degree of
accuracy when they use a polygraph. However, because different people
　　25
behave differently when lying, a polygraph test is by no means perfect.

　　訓練有素的審查人員使用測謊器時，通常能非常準確地查出是否有說謊。不
過，因為不同的人說謊時會有不同的行為表現，所以測謊絕對不是百分之百正確。

　　well-trained〔'wɛl'trend〕adj. 訓練有素的　　detect〔dɪ'tɛkt〕v. 查出
　　degree〔dɪ'gri〕n. 程度　　behave〔bɪ'hev〕v. 行為舉止；表現
　　by no means 絕不　　perfect〔'pɝfɪkt〕adj. 完美的；正確的

25. (**B**) 依句意，選 (B) *accuracy*〔'ækjərəsɪ〕n. 準確性。而 (A) quantity
〔'kwɑntətɪ〕n. 數量，(C) possibility〔,pɑsə'bɪlətɪ〕n. 可能性，
(D) emergency〔ɪ'mɝdʒənsɪ〕n. 緊急情況，則不合句意。

第 26 至 30 題為題組

　　International trade is the exchange of goods and services between
countries. Trade is driven by different production costs in different countries,
making it cheaper for some countries to import goods rather than make them. A
　　26
country is said to have a comparative advantage over another when it can
produce a commodity more cheaply. This comparative advantage is determined
　　　　　　　　　　　　　　　　　　　　　　　　　　　　　　27
by key factors of production such as land, capital, and labor.

　　國際貿易指的是國與國之間的商品和服務交換。貿易是因為不同國家的不同
生產成本產生的，這會使得對某些國家來說，進口商品比自己生產更便宜。當一
個國家可以在生產某樣商品上更便宜時，和另一國相比便被稱為擁有比較利益。
比較利益由生產的關鍵要素決定，像是土地、資金和勞力。

international〔͵ɪntəˈnæʃənḷ〕*adj.* 國際的；國際間的
trade〔tred〕*n.* 貿易　　exchange〔ɪksˈtʃendʒ〕*n.* 交換
goods〔gʊdz〕*n.* 商品；貨物　　service〔ˈsɝvɪs〕*n.* 服務
drive〔draɪv〕*v.* 推動；產生　　production〔prəˈdʌkʃən〕*n.* 生產
cost〔kɔst〕*n.* 成本　　import〔ɪmˈport〕*v.* 輸入；進口
rather than 而不是　　***be said to*** 被稱為
comparative〔kəmˈpærətɪv〕*adj.* 比較的
advantage〔ədˈvæntɪdʒ〕*n.* 優點；利益
comparative advantage 比較利益　　produce〔prəˈdus〕*v.* 生產；製造
commodity〔kəˈmɑdətɪ〕*n.* 商品　　key〔ki〕*adj.* 基本的；關鍵的
factor〔ˈfæktɚ〕*n.* 要素　　capital〔ˈkæpətḷ〕*n.* 資金
labor〔ˈlebɚ〕*n.* 勞力

26.（**D**）本題考 make *it* + *adj.* + to V 句型，讓做某事變得…，此處的 it 為虛受詞，應選 (D)。

27.（**D**）依句意，選 (D)，determine〔dɪˈtɝmɪn〕*v.* 決定，在此為被動「由～決定」。而 (A) install〔ɪnˈstɔl〕*v.* 安置；安裝，(B) reserve〔rɪˈzɝv〕*v.* 預訂；保留，(C) oppose〔əˈpoz〕*v.* 反對，皆不合句意。

While international trade has long been conducted in history, its economic, social, and political importance has been <u>on the rise</u> in recent centuries. During
28
the 1990s, international trade grew by nearly 8.6% each year. In the year 1990 alone, the growth in trade in services was as high as 19%.

雖然國際貿易已經在歷史上行之有年，但它在經濟、社會和政治上的重要性在近幾個世紀來持續地上升。在 1990 年代，國際貿易每年成長將近 8.6%。而光是在 1990 年這一年，貿易服務的成長就高達 19%。

conduct〔kənˈdʌkt〕*v.* 執行；進行
economic〔͵ikəˈnɑmɪk〕*adj.* 經濟的
social〔ˈsoʃəl〕*adj.* 社會的　　political〔pəˈlɪtɪkḷ〕*adj.* 政治的
importance〔ɪmˈpɔrtn̩s〕*n.* 重要性　　recent〔ˈrisn̩t〕*adj.* 最近的
century〔ˈsɛntrɪ〕*n.* 世紀　　nearly〔ˈnɪrlɪ〕*adv.* 將近
alone〔əˈlon〕*adv.* 單單；僅僅　　growth〔groθ〕*n.* 成長
as high as 高達

28.（**B**）依句意，選 (B) ***on the rise*** 增加中，而 (A) to the point　中肯的；切中要點的，(C) off the hook　脫離困境，(D) for the record　為準確起見；供記錄存檔的，皆不合句意。

Today, all countries are involved in, and to varying degrees dependent on, trade with other countries. <u>Without</u> international trade, nations would be
29
limited to the goods and services produced within their own borders. Trade is certainly a main <u>driving</u> force for globalization. It is also the subject of
30
many international agreements that aim to govern and facilitate international trade, such as those negotiated through the World Trade Organization (WTO).

時至今日，所有的國家都參與其中，而且在不同程度上仰賴和其他國家進行貿易。若沒有國際貿易，各國將會受限於自己國內生產的產品以及服務。貿易毫無疑問是一個全球化的主要動力。這也是許多國際協議的主題，目標是要管理和促進國際貿易，像是那些透過世界貿易組織談判的協議。

be involved in 參與其中　　**to varying degrees** 不同程度上
dependent〔dɪˈpɛndənt〕*adj.* 依賴的　　nation〔ˈneʃən〕*n.* 國家
be limited to 受限於　　within〔wɪðˈɪn〕*prep.* 在…之內
border〔ˈbɔrdɚ〕*n.* 國界　　certainly〔ˈsɝtn̩lɪ〕*adv.* 確實地；毫無疑問地
main〔men〕*adj.* 主要的　　globalization〔ˌglobəlɪˈzeʃən〕*n.* 全球化
subject〔ˈsʌbdʒɪkt〕*n.* 主題　　agreement〔əˈgrimənt〕*n.* 協議
aim to 旨在；目標在　　govern〔ˈgʌvɚn〕*v.* 管理
facilitate〔fəˈsɪləˌtet〕*v.* 促進；幫助　　negotiate〔nɪˈgoʃɪˌet〕*v.* 談判
organization〔ˌɔrgənəˈzeʃən〕*n.* 組織

29. (**C**) 依後文的 "would be limited to the goods and services produced within their own borders"，可知是指「沒有」國際貿易的狀況，故選 (C) **Without**。而 (A) Despite 儘管，(B) Between 在…之間，(D) Under 在…之下，皆不合句意。

30. (**A**) 依句意，選 (A) **driving**，**driving force** 動力。而 (B) pulling 拉，(C) riding 騎，(D) bringing 帶，皆不合句意。

三、文意選填：

<u>第 31 至 40 題為題組</u>

Are forests always created by nature? A man from rural India proves that this is not necessarily [31.] (**J**) <u>true</u>.

Abdul Kareem, who used to be an airline ticketing agent, has a great love for the woods.　Though he never went to college, he can talk about plants and trees like an expert.　In 1977, he bought a piece of rocky wasteland with the ^{32.} **(C)** vision of growing trees on it.　In the beginning, people thought he was ^{33.} **(D)** crazy to waste his time and money on the land.　But he simply ^{34.} **(G)** ignored them and kept working on the soil and planting trees there.　The land was so ^{35.} **(I)** dry that it had to be watered several times a day.　Kareem had to fetch the water from a source that was a kilometer away.　In the first two years, none of the trees he planted ^{36.} **(H)** survived.　However, in the third year, several young trees started growing.　Greatly ^{37.} **(F)** encouraged by the result, Kareem planted more trees and his man-made forest began to take shape.

森林總是由大自然創造的嗎？一個來自印度鄉村的男子證明了，這未必是正確的。

阿卜杜勒・卡里姆，過去是一個航空公司票務員，對於森林有極大的熱愛。雖然他從沒上過大學，卻能夠像個專家一樣談論植物和樹木。1977 年，他買了一塊都是岩石的荒地，並懷著要在上面種樹的夢想。一開始，人們認為他非常的瘋狂，竟然浪費他的時間和金錢在這塊地上。但他就是不理他們，持續致力於這塊土壤，並且在那裡種樹。這塊土地非常的乾燥，以致於它一天必須要被灌溉好幾次。卡里姆必須要從一公里以外的水源取水。在前兩年，他種的樹沒有一棵存活。然而，在第三年，許多年幼的樹苗開始生長。卡里姆受到這個結果極大的鼓勵，他種植了更多的樹，他的人造森林也開始成形。

forest〔'fɔrɪst〕*n.* 森林　　create〔krɪ'et〕*v.* 創造
nature〔'netʃɚ〕*n.* 自然　　rural〔'rurəl〕*adj.* 鄉村的
India〔'ɪndɪə〕*n.* 印度　　prove〔pruv〕*v.* 證明
necessarily〔'nɛsə,sɛrəlɪ〕*adv.* 必定；一定
not necessarily 未必；不一定　　***used to be*** 過去是
airline〔'ɛr,laɪn〕*n.* 航空公司　　ticketing〔'tɪkɪtɪŋ〕*n.* 票務
agent〔'edʒənt〕*n.* 代理人；經紀人　　plant〔plænt〕*n.* 植物　*v.* 種植
expert〔'ɛkspɝt〕*n.* 專家　　rocky〔'rɑkɪ〕*adj.* 多岩石的
wasteland〔'west,lænd〕*n.* 荒地　　vision〔'vɪʒən〕*n.* 夢想；憧憬
grow〔gro〕*v.* 種植；生長　　simply〔'sɪmplɪ〕*adv.* 僅僅；只是
ignore〔ɪg'nor〕*v.* 忽視；不理　　***work on*** 致力於
soil〔sɔɪl〕*n.* 土壤　　dry〔draɪ〕*adj.* 乾燥的　　water〔'wɑtɚ〕*v.* 灌溉
fetch〔fɛtʃ〕*v.* 取得；拿來　　source〔sors〕*n.* 水源
kilometer〔'kɪlə,mitɚ〕*n.* 公里　　survive〔sə'vaɪv〕*v.* 存活

greatly〔ˈgretlɪ〕*adv.* 極大地　　encourage〔ɪnˈkɝɪdʒ〕*v.* 鼓勵
result〔rɪˈzʌlt〕*n.* 結果　　***man-made*** 人造的
take shape 成形

Kareem let his forest grow naturally, without using fertilizers or insecticides. He believed in the ability of nature to renew itself without the ³⁸·**(B) interference** of humans. That's why he did not allow fallen leaves or twigs from the forest to be removed.

　　卡里姆讓他的森林自然地生長，沒有使用肥料或是殺蟲劑。他相信自然在沒有人類干擾下的自我修復能力。這也是為什麼他不允許森林裡的落葉或小樹枝被清除。

naturally〔ˈnætʃərəlɪ〕*adv.* 自然地　　fertilizer〔ˈfɝtḷˌaɪzɚ〕*n.* 肥料
insecticide〔ɪnˈsɛktəˌsaɪd〕*n.* 殺蟲劑　　***believe in*** 相信
ability〔əˈbɪlətɪ〕*n.* 能力　　renew〔rɪˈnu〕*v.* 修復；更新
interference〔ˌɪntɚˈfɪrəns〕*n.* 干擾　　human〔ˈhjumən〕*n.* 人類
twig〔twɪg〕*n.* 小樹枝　　remove〔rɪˈmuv〕*v.* 移除

After years of hard work, Kareem has not only realized his dream but also transformed a piece of ³⁹·**(A) deserted** property into a beautiful forest. Today, his forest is home to 1,500 medicinal plants, 2,000 varieties of trees, rare birds, animals, and insects. Now, scientists from all over the world come to visit his ⁴⁰·**(E) creation**. They hope to find the secret of his success.

　　在多年的努力後，卡里姆不只實現了他的夢想，還將一塊荒廢的地產轉變成一座美麗的森林。時至今日，他的森林是 1500 株藥用植物、2000 種樹木、稀有的鳥類、動物以及昆蟲的家園。現在，來自世界各地的科學家都去拜訪他的創造結晶。他們希望可以找到他成功的秘訣。

not only A but also B 不只 A，還有 B
realize〔ˈriəˌlaɪz〕*v.* 實現　　***transform A into B*** 將 A 轉變成 B
deserted〔dɪˈzɝtɪd〕*adj.* 廢棄的　　property〔ˈprɑpətɪ〕*n.* 地產
be home to 是…的家園　　medicinal〔məˈdɪsṇl〕*adj.* 藥用的
variety〔vəˈraɪətɪ〕*n.* 種類　　rare〔rɛr〕*adj.* 稀有的
all over the world 遍及全世界
creation〔krɪˈeʃən〕*n.* 創造；創造物　　secret〔ˈsikrɪt〕*n.* 秘訣

四、閱讀測驗：

第 41 至 44 題為題組

In Japan, a person's blood type is popularly believed to decide his/her temperament and personality. Type-A people are generally considered sensitive perfectionists and good team players, but over-anxious. Type Os are curious and generous but stubborn. Type ABs are artistic but mysterious and unpredictable, and type Bs are cheerful but eccentric, individualistic, and selfish. Though lacking scientific evidence, this belief is widely seen in books, magazines, and television shows.

在日本，普遍認為一個人的血型決定他/她的性情和人格特質。A型的人通常被認為是敏感的完美主義者，也是很有團隊精神的人，但過於焦慮。O型的人是好奇和慷慨但頑固。AB型的人有藝術天分但神秘莫測，而B型的人性情開朗，但古怪、個人主義、自私。雖然缺乏科學依據，但此看法廣泛可見於書本、雜誌和電視節目。

> ***blood type*** 血型　　popularly（'pɑpjələlɪ）*adv.* 普遍地
> temperament（'tɛmprəmənt）*n.* 氣質；性情
> personality（,pɝsṇ'ælətɪ）*n.* 人格；品格
> generally（'dʒɛnərəlɪ）*adv.* 通常；一般地　　consider（kən'sɪdə）*v.* 認為
> sensitive（'sɛnsətɪv）*adj.* 敏感的
> perfectionist（pə'fɛkʃənɪst）*n.* 完美主義者
> ***team player*** 有團隊精神的人　　anxious（'æŋkʃəs）*adj.* 焦慮的
> curious（'kjʊrɪəs）*adj.* 好奇的　　generous（'dʒɛnərəs）*adj.* 慷慨的
> stubborn（'stʌbən）*adj.* 頑固的　　artistic（ar'tɪstɪk）*adj.* 有藝術天賦的
> mysterious（mɪs'tɪrɪəs）*adj.* 神祕的
> unpredictable（,ʌnprɪ'dɪktəbḷ）*adj.* 不可預料的
> cheerful（'tʃɪrfəl）*adj.* 情緒好的；開朗的
> eccentric（ɪk'sɛntrɪk）*adj.*（人、行為等）古怪的
> individualistic（,ɪndə,vɪdʒʊəl'ɪstɪk）*adj.* 個人主義（者）的
> selfish（'sɛlfɪʃ）*adj.* 自私的　　evidence（'ɛvədəns）*n.* 證據
> belief（bɪ'lif）*n.* 信念；看法　　widely（'waɪdlɪ）*adv.* 廣泛地

The blood-type belief has been used in unusual ways. The women's softball team that won gold for Japan at the Beijing Olympics is reported to have used blood-type theories to customize training for each player. Some kindergartens have adopted teaching methods along blood group lines, and even major companies reportedly make decisions about assignments based on an employee's blood type. In 1990, Mitsubishi Electronics was reported to have announced the formation of a team composed entirely of AB workers, thanks to "their ability to make plans."

　　血型看法被運用在一些不尋常的地方。在北京奧運會中爲日本奪下金牌的女子壘球隊，據報導使用血型理論去客製化每位球員的訓練。一些幼兒園採用血型分組教學法，而且據傳甚至連大公司都依據員工血型做出分派工作的決定。1990年，三菱電機被報已經公佈，公司裡一個團隊的形成全部是AB型的員工，由於他們具有企劃能力。

unusual〔ʌnˈjuʒʊəl〕*adj.* 不平常的　　softball〔ˈsɔftˌbɔl〕*n.* 壘球
Olympics〔oˈlɪmpɪks〕*n.* 奧林匹克運動會（= *Olympic Games* ）
theory〔ˈθiərɪ〕*n.* 理論　　customize〔ˈkʌstəˌmaɪz〕*v.* 訂做
training〔ˈtrenɪŋ〕*n.* 訓練　　kindergarten〔ˈkɪndəˌgɑrtṇ〕*n.* 幼稚園
adopt〔əˈdɑpt〕*v.* 採取；採納　　method〔ˈmɛθəd〕*n.* 方法；辦法
reportedly〔rɪˈportɪdlɪ〕*adv.* 據傳聞；據報導
assignment〔əˈsaɪnmənt〕*n.*（分派的）任務；工作
employee〔ˌɛmpləɪˈi〕*n.* 員工
Mitsubishi Electronics 三菱電機【公司官網拼法為：Mitsubishi Electric】
announce〔əˈnaʊns〕*v.* 宣布；發布　　formation〔fɔrˈmeʃən〕*n.* 形成
compose〔kəmˈpoz〕*v.* 組成；構成　　entirely〔ɪnˈtaɪrlɪ〕*adv.* 完全地
thanks to 由於；託…福

The belief even affects politics. One former prime minister considered it important enough to reveal in his official profile that he was a type A, while his opposition rival was type B. In 2011, a minister, Ryu Matsumoto, was forced to resign after only a week in office, when a bad-tempered encounter with local officials was televised. In his resignation speech, he blamed his failings on the fact that he was blood type B.

　　此看法甚至影響政治。一位前首相認爲在他官方簡介上，透露他是A型非常重要，而他的對手是B型的。2011年，一位首相松本龍在上任僅一週後被迫辭職，因爲他有一次與地方官員發脾氣被電視播出來。在他的辭職談話中，他把他的缺失怪到他是血型B這件事上。

affect〔əˈfɛkt〕*v.* 影響　　politics〔ˈpɑləˌtɪks〕*n.* 政治
former〔ˈfɔrmə〕*adj.* 以前的　　***prime minister*** 首相
reveal〔rɪˈvil〕*v.* 揭露　　official〔əˈfɪʃəl〕*adj.* 官方的　*n.* 官員
profile〔ˈprofaɪl〕*n.* 人物簡介　　opposition〔ˌɑpəˈzɪʃən〕*n.* 反對；對抗
rival〔ˈraɪvḷ〕*n.* 對手；敵手　　minister〔ˈmɪnɪstə〕*n.* 部長；大臣

force〔fors〕*v.* 強迫；迫使
resign〔rɪ'zaɪn〕*v.* 辭職　　***in office*** 在職；在位
bad-tempered〔'bæd'tɛmpəd〕*adj.* 脾氣不好的；易怒的
encounter〔ɪn'kaʊntə〕*n.* 遭遇　　televise〔'tɛlə,vaɪz〕*v.* 電視播送
resignation〔,rɛzɪg'neʃən〕*n.* 辭職
blame〔blem〕*v.* 責怪；怪罪　　failing〔'felɪŋ〕*n.* 缺失

The blood-type craze, considered simply harmless fun by some Japanese, may manifest itself as prejudice and discrimination. In fact, this seems so common that the Japanese now have a term for it: *burahara*, meaning blood-type harassment. There are reports of discrimination leading to children being bullied, ending of happy relationships, and loss of job opportunities due to blood type.

這種血型熱潮，有些日本人認爲只是無害的樂趣，但可能顯現出偏見和歧視。事實上，血型熱潮似乎非常普遍，以致於日本現在有這個詞：burahara，意味著「血型騷擾」。而一些有關歧視的報告，導致兒童被霸凌，幸福關係的結束，以及就業機會的喪失，都是因爲血型的因素。

craze〔krez〕*n.* 狂熱；風尙　　manifest〔'mænə,fɛst〕*v.* 表明；顯示
prejudice〔'prɛdʒədɪs〕*n.* 偏見
discrimination〔dɪ,skrɪmə'neʃən〕*n.* 不公平待遇；歧視
term〔tɝm〕*n.* 名詞；術語　　harassment〔hə'ræsmənt〕*n.* 煩擾；騷擾
lead to 導致　　bully〔'bʊlɪ〕*v.* 霸凌
relationship〔rɪ'leʃən,ʃɪp〕*n.* 人際關係
opportunity〔,ɑpə'tjunətɪ〕*n.* 機會；良機　　***due to*** 因爲；由於

41.(**C**) 對於日本的血型看法，說話者的態度爲何？
　　(A) 負面的。　　(B) 防禦的。　　(C) <u>客觀的。</u>　　(D) 鼓勵的。
　　negative〔'nɛgətɪv〕*adj.* 負面的；否定的
　　defensive〔dɪ'fɛnsɪv〕*adj.* 防禦的；保護的
　　objective〔əb'dʒɛktɪv〕*adj.* 客觀的；無偏見的
　　encouraging〔ɪn'kɝɪdʒɪŋ〕*adj.* 鼓勵的

42.(**B**) 根據文章中所提及的例子，我們可以推斷出哪一種血型在日本是「最不」受到喜愛的？
　　(A) A 型。　　(B) <u>B 型。</u>　　(C) O 型。　　(D) AB 型。
　　infer〔ɪn'fɝ〕*v.* 推論　　least〔list〕*adv.* 最不
　　favor〔'fevə〕*v.* 喜愛

43. (**B**) 為什麼松本龍首相辭去職務？

    (A) 他揭露了對手的血型。

    (B) <u>他被看到在電視上行為粗魯。</u>

    (C) 他把自己的缺失怪到地方官員身上。

    (D) 他因為血型而被歧視。

    behave〔bɪˋhev〕v. 表現；行為舉止

    rudely〔ˋrudlɪ〕adv. 無禮地；粗暴地

    discriminate〔dɪˋskrɪmə͵net〕v. 差別待遇；歧視 <*against*>

44. (**D**) 在文中「沒有」提及哪一項領域受到血型看法的影響？

    (A) 教育。   (B) 運動。

    (C) 商業。   (D) <u>醫藥。</u>

第 45 至 48 題為題組

    Like many other five-year-olds, Jeanie Low of Houston, Texas, would use a stool to help her reach the bathroom sink. However, the plastic step-stool she had at home was unstable and cluttered up the small bathroom shared by her whole family. After learning of an invention contest held by her school that year, Jeanie resolved to enter the contest by creating a stool that would be a permanent fixture in the bathroom, and yet could be kept out of the way when not in use.

    就像許多其他的五歲兒童，德州休士頓的珍妮・羅，會使用板凳來幫助她碰到浴室的洗手槽。然而，她在家裡的塑膠階梯凳並不牢固，而且把她全家人共享的小型浴室弄得亂七八糟。那一年，在聽說她的學校有舉辦發明競賽後，珍妮決心參加比賽創造一個板凳，可以永久固定在浴室裡，但是在沒有使用的時候，又可以不佔空間。

    Houston〔ˋhjustən〕n. 休士頓【美國南方城市】

    Texas〔ˋtɛksəs〕n. 德州【美國南方一州】

    stool〔stul〕n. 凳子   reach〔ritʃ〕v.（伸手）接觸到

    sink〔sɪŋk〕n. 水槽；洗手槽   plastic〔ˋplæstɪk〕adj. 塑膠（製）的

    step〔stɛp〕n. 階梯   unstable〔ʌnˋstebl̩〕adj. 不穩固的

    clutter〔ˋklʌtɚ〕v. 把…弄亂   share〔ʃɛr〕v. 分享

    whole〔hol〕adj. 全部的   learn〔lɜn〕v. 獲悉

    invention〔ɪnˋvɛnʃən〕n. 發明   contest〔ˋkɑntɛst〕n. 競賽

    hold〔hold〕v. 舉辦   resolve〔rɪˋzɑlv〕v. 決心（做…）

    enter〔ˋɛntɚ〕v. 進入   create〔krɪˋet〕v. 創造

    permanent〔ˋpɜmənənt〕adj. 永久的   fixture〔ˋfɪkstʃɚ〕n. 固定物

    and yet 但是   ***out of the way*** 讓路；不妨礙

Jeanie decided to make a stool attached to the bathroom cabinet door under the sink. She cut a plank of wood into two pieces, each about two feet wide and one foot long. Using metal hinges, Jeanie attached one piece of the wood to the front of the cabinet door, and the second piece to the first. The first piece was set just high enough so that when it swung out horizontally from the cabinet door, the second piece would swing down from the first, just touching the ground, and so serving as a support for the first piece of the wood. This created a convenient, sturdy platform for any person too short to reach the sink. When not in use, the hinges allowed the two pieces of wood to fold back up tightly against the cabinet, where they were held in place by magnets. Jeanie called her invention the "Kiddie Stool."

珍妮決定做一個裝在洗手槽下方浴櫃的凳子。她將厚木板切成兩片，每一片大約兩英呎寬、一英呎長。利用金屬鉸鏈，珍妮將一片木板裝在櫥門的正面，然後第二片鎖住第一片。第一片設得剛好夠高，所以當它從櫥門水平拉出來時，第二片會從第一片盪下，正好接觸到地面，如此當作第一片木板的支撐用。這創造出一個方便、堅固的平台，給任何太矮小而碰不到洗手槽的人。在沒有使用的時候，鉸鏈會讓這兩片木板往回摺疊緊緊靠著櫥櫃，用磁鐵吸附在適當的位置。珍妮稱她的發明為「小孩板凳」。

attach〔əˈtætʃ〕*v.* 裝上	cabinet〔ˈkæbənɪt〕*n.* 櫥櫃
plank〔plæŋk〕*n.* 厚板	wood〔wʊd〕*n.* 木材
foot〔fʊt〕*n.* 英呎	metal〔ˈmɛtḷ〕*n.* 金屬
hinge〔hɪndʒ〕*n.* 鉸鏈	set〔sɛt〕*v.* 設置
swing〔swɪŋ〕*v.* 擺動；搖動	
horizontally〔ˌhɔrəˈzɑntḷɪ〕*adv.* 水平地	
touch〔tʌtʃ〕*v.* 碰觸	ground〔graʊnd〕*n.* 地面
serve as 當作	support〔səˈport〕*n.* 支撐
convenient〔kənˈvinjənt〕*adj.* 方便的	
sturdy〔ˈstɝdɪ〕*adj.* 堅固的	platform〔ˈplætˌfɔrm〕*n.* 平台
too…to~ 太…而不~	allow〔əˈlaʊ〕*v.* 允許；使能夠
fold〔fold〕*v.* 摺疊	tightly〔ˈtaɪtlɪ〕*adv.* 緊緊地
against〔əˈgɛnst〕*prep.* 靠著	
hold〔hold〕*v.* 保持…的狀態	*in place* 在適當的位置
magnet〔ˈmægnɪt〕*n.* 磁鐵	kiddie〔ˈkɪdɪ〕*n.* 小孩

Jeanie's Kiddie Stool won first place in her school's contest. Two years later, it was awarded first prize again at Houston's first annual Invention Fair. As a result, Jeanie was invited to make a number of public appearances with her Kiddie Stool, and was featured on local TV as well as in newspapers. Many people found the story of the Kiddie Stool inspiring because it showed that with imagination, anyone can be an inventor.

珍妮的小孩板凳在她學校的競賽中獲得第一名。兩年後，小孩板凳又在休士頓的第一屆年度發明展上獲頒首獎。因此，珍妮和她的小孩板凳受邀出席一些公開場合，並且上了當地電視台和報紙的特別報導。許多人認為小孩板凳的故事很有啓發性，因為它說明了有想像力，任何人都能是一位發明者。

place〔ples〕*n.* 名次　　award〔ə'wɔrd〕*v.* 頒發
prize〔praɪz〕*n.* 獎　　annual〔'ænjuəl〕*adj.* 年度的
fair〔fɛr〕*n.* 展覽會　　***as a result*** 因此　　invite〔ɪn'vaɪt〕*v.* 邀請
a number of 一些　　public〔'pʌblɪk〕*adj.* 公開的
appearance〔ə'pɪrəns〕*n.* 出現　　feature〔'fitʃɚ〕*v.* 特別報導
local〔'lokļ〕*adj.* 當地的
inspiring〔ɪn'spaɪrɪŋ〕*adj.* 有啓發性的
imagination〔ɪˌmædʒə'neʃən〕*n.* 想像（力）
inventor〔ɪn'vɛntɚ〕*n.* 發明者；發明家

45. (**C**) 根據本文，為什麼珍妮・羅發明小孩板凳？
　(A) 許多其他的五歲兒童很難碰到浴室洗手槽。
　(B) 她不認為塑膠凳對她來說夠高。
　(C) 在她浴室的板凳不穩固並且常常擋到路。
　(D) 她受邀進入她學校所舉辦的發明競賽。

invent〔ɪn'vɛnt〕*v.* 發明　　***have problems + V-ing*** 做～有困難
firm〔fɝm〕*adj.* 穩固的　　***get in the way*** 擋路；妨礙

46. (**B**) 關於小孩板凳如何運作，以下敘述何者為眞？
　(A) 小孩板凳只有在櫥門開啓時才會擺盪出來。
　(B) 它使用鉸鏈和磁鐵來維持木板的適當位置。
　(C) 它被裝在櫥門上，由左邊擺動到右邊。
　(D) 平台是由兩片金屬所支撐。

statement〔'stetmənt〕*n.* 敘述　　work〔wɝk〕*v.* 作用；運作
wooden〔'wudņ〕*adj.* 木（製）的
support〔sə'port〕*v.* 支撐

47. (**A**) 珍妮的小孩板凳特色是什麼？
    (A) 永久並且可摺疊。   (B) 易碎並且吸睛。
    (C) 傳統並且令人感動。   (D) 方便並且可回收。

    characteristic〔,kærɪtə'rɪstɪk〕*n.* 特色
    foldable〔'foldəbḷ〕*adj.* 可摺疊的   fragile〔'frædʒəl〕*adj.* 易碎的
    eye-catching〔'aɪ,kætʃɪŋ〕*adj.* 引人注目的
    conventional〔kən'vɛnʃənḷ〕*adj.* 傳統的
    touching〔'tʌtʃɪŋ〕*adj.* 令人感動的
    recyclable〔ri'saɪkləbḷ〕*adj.* 可回收的

48. (**C**) 以下諺語，何者最能捕捉到珍妮‧羅的故事的精神？
    (A) 失敗為成功之母。   (B) 太陽底下沒有新鮮事。
    (C) 需要為發明之母。
    (D) 天才是百分之一的靈感和百分之九十九的努力。

    saying〔'seɪŋ〕*n.* 諺語；俗語   capture〔'kæptʃɚ〕*v.* 捕捉
    spirit〔'spɪrɪt〕*n.* 精神   failure〔'feljɚ〕*n.* 失敗
    success〔sək'sɛs〕*n.* 成功   necessity〔nə'sɛsətɪ〕*n.* 需要
    genius〔'dʒinjəs〕*n.* 天才   inspiration〔,ɪnspə'reʃən〕*n.* 靈感
    perspiration〔,pɝspə'reʃən〕*n.* 流汗；努力

第 49 至 52 題為題組

Ongoing conflicts across the Middle East have prevented more than 13 million children from attending school, according to a report published by **UNICEF**, the United Nations Children's Fund.

    根據一份UNICEF「聯合國兒童基金會」出版的報告指出，遍及中東的持續衝突已經使超過一千三百萬名孩童無法去上學。

    ongoing〔'ɑn,goɪŋ〕*adj.* 進行中的   conflict〔'kɑnflɪkt〕*n.* 衝突
    across〔ə'krɔs〕*prep.* 遍及   prevent〔prɪ'vɛnt〕*v.* 阻止
    attend〔ə'tɛnd〕*v.* 上（學）   publish〔'pʌblɪʃ〕*v.* 出版
    UNICEF〔'junɪ,sɛf〕*n.* 聯合國兒童基金會
    the United Nations 聯合國   fund〔fʌnd〕*n.* 基金會

The report states that 40% of all children across the region are currently not receiving an education, which is a result of two consequences of violence: structural damage to schools and the displacement of populations, also called "forced migration." Both issues result from the tide of violence that has crossed the region in recent years. The report examines nine countries where a state of war has become the norm. Across these countries, violence has made 8,500 schools unusable. In certain cases, communities have relied on school buildings to function as shelters for the displaced, with up to nine families living in a single classroom in former schools across **Iraq**.

這份報告陳敘，這整個地區百分之40的孩童目前沒有接受教育，這是兩種戰爭暴力結果下的後果：學校的結構性破壞及人口的離開。人口離開也被稱爲「被迫遷移」。這兩個問題都起因於近年整個地區的戰爭暴力狂潮。這份報告檢視了九個戰爭狀態已成常態的國家。在這些國家中，戰爭暴力已經使8500間學校不能被使用。在某些案例中，社區依賴學校建築物來充作難民的避難所，而在全伊拉克之前的學校裡，高達九個家庭住在單一個教室中。

state〔stet〕*v.* 陳述　*n.* 狀態　　region〔'ridʒən〕*n.* 地區
currently〔'kɜntlɪ〕*adv.* 目前地　　result〔rɪ'zʌlt〕*n.* 結果；後果
consequence〔'kɑnsəkwəns〕*n.* 結果　　violence〔'vaɪələns〕*n.* 暴力
structural〔'strʌktʃərəl〕*adj.* 結構性的　　damage〔'dæmɪdʒ〕*n.* 損害
displacement〔dɪs'plesmənt〕*n.* 取代；離開
forced〔fɔrst〕*adj.* 強迫的　　migration〔maɪ'greʃən〕*n.* 移民
issue〔'ɪʃu〕*n.* 問題　　***result from*** 起因於　　tide〔taɪd〕*n.* 潮
cross〔krɔs〕*v.* 橫越；遍及　　recent〔'risn̩t〕*adj.* 最近的
examine〔ɪg'zæmɪn〕*v.* 檢視　　norm〔nɔrm〕*n.* 規範；常態
unusable〔ʌn'juzəbəl〕*adj.* 不能使用的　　certain〔'sɜtn̩〕*adj.* 某些
community〔kə'mjunətɪ〕*n.* 社區　　***rely on*** 依賴
function〔'fʌŋkʃən〕*v.* 起作用　　shelter〔'ʃɛltɚ〕*n.* 避難所
the displaced　（被迫離家的）難民　　single〔'sɪŋgl̩〕*adj.* 單一的
former〔'fɔrmɚ〕*adj.* 之前的　　***up to*** 高達　　Iraq〔ɪ'rɑk〕*n.* 伊拉克

The report pays particularly close attention to Syria, where a bloody civil war has displaced at least nine million people since the war began in 2011. With the crisis now in its fifth year, basic public services, including education, inside Syria have been stretched to breaking point. Within the country, the quality and availability of education depends on whether a particular region is suffering violence.

這份報告特別關注敘利亞，在該國自從2011年開始內戰，血腥的內戰已經使至少九百萬人被迫遷移。戰爭危機現在已經第五年了，敘利亞國內的基本公共服務，包括教育，已經被拉長到爆發點了。在這個國家內，教育的品質及可及性取決於某個區域是否正飽受戰爭暴力之苦。

pay attention to 注意　　particularly〔pə'tɪkjələlɪ〕*adv.* 特別地
close〔klos〕*adj.* 密切的　　Syria〔'sɪrɪə〕*n.* 敘利亞
bloody〔'blʌdɪ〕*adj.* 血腥的　　civil〔'sɪvl̩〕*adj.* 市民的；國內的
civil war 內戰　　crisis〔'kraɪsɪs〕*n.* 危機　　stretch〔strɛtʃ〕*v.* 拉長
availability〔ə,velə'bɪlətɪ〕*n.* 可及性　　suffer〔'sʌfɚ〕*v.* 受…之苦

The report concludes with an earnest request to international policymakers to distribute financial and other resources to ease the regional crisis. With more than 13 million children already driven from classrooms by conflict, it is no exaggeration to say that the educational prospects of a generation of children are **in the balance**. The forces that are crushing individual lives and futures are also destroying the prospects for an entire region.

這份報告以一個誠摯的請求做為結論，希望國際政策制定者能夠分配財務及其他資源，去舒緩這個區域危機。已有超過一千三百萬的孩童因戰爭衝突被趕出教室，說這世代孩童的教育前景是無法確定的一點也不誇張。這些正在壓碎個人生命及未來的力量，也正在破壞整個區域的前景。

conclude〔kən'klud〕*v.* 下結論　　earnest〔'ɝnɪst〕*adj.* 誠摯的
request〔rɪ'kwɛst〕*n.* 請求　　policymaker〔'paləsɪ,mekɚ〕*n.* 政策制定者
distribute〔dɪ'strɪbʊt〕*v.* 分配　　financial〔faɪ'nænʃəl〕*adj.* 財務的
resource〔rɪ'sors〕*n.* 資源　　ease〔iz〕*v.* 減輕
regional〔'ridʒənl̩〕*adj.* 區域性的
exaggeration〔ɪg,zædʒə'reʃən〕*n.* 誇張
prospect〔'praspɛkt〕*n.* 前景；希望
generation〔,dʒɛnə'reʃən〕*n.* 世代　　*in the balance* 在不確定中
crush〔krʌʃ〕*v.* 壓碎　　entire〔ɪn'taɪr〕*adj.* 整個的

49.(**D**) 這篇文章主要是關於什麼？
　　(A) 人民離開他們國家的原因。
　　(B) 中東地區有內戰及暴力的原因。
　　(C) 許多學校已經變成難民家庭避難所之原因。
　　(D) <u>許多中東兒童沒有上學的原因。</u>

50.(**C**) 爲什麼「伊拉克」在第二段中被提到？
　　(A) 使人相信臨時住宅可以輕易被找到。
　　(B) 證明教室夠大能接待很多家庭。
　　(C) <u>給一個例子，說明爲什麼學校不能用來讓學生學習。</u>
　　(D) 顯示出學校的結構性破壞如何影響教育品質。

convince〔kən'vɪns〕v. 說服
temporary〔'tɛmpə,rɛrɪ〕adj. 臨時的
housing〔'haʊzɪŋ〕n. 住宅   prove〔pruv〕v. 證明
host〔host〕v. 擔任主人；接待   affect〔ə'fɛkt〕v. 影響

51.(**B**) 最後一段的片語 "in the balance" 最可能的意思是什麼？
   (A) 被好好照顧。
   (B) 在一個不確定的情況中。
   (C) 在當局的控制之下。
   (D) 朝錯誤方向移動。

   take care of 照顧   uncertain〔ʌn'sʒtn̩〕adj. 不確定的
   authority〔ə'θɔrətɪ〕n. 權威；當局   direction〔də'rɛkʃən〕n. 方向

52.(**A**) 根據這個文章，哪一個陳述是正確的？
   (A) 敘利亞的戰爭從 2011 年開始進行到現在。
   (B) 超過九千間學校已經被戰爭摧毀。
   (C) 在中東有一千三百萬人已經被迫離開家園。
   (D) 由於持續的戰爭衝突，全世界有百分之四十的孩童沒有上學。

第 53 至 56 題為題組

　　Many marine animals, including penguins and marine iguanas, have evolved ways to get rid of excess salt by using special salt-expelling glands around their tongue. However, the sea snake's salt glands cannot handle the massive amounts of salt that would enter their bodies if they actually drank seawater. This poses a serious problem when it comes to getting enough water to drink. If seawater is not an option, how does this animal survive in the ocean?

　　很多海洋生物，包含企鵝和海鬣蜥，已經演化出去除多餘鹽分的方法，藉由利用牠們舌頭周圍能排出鹽分的特殊腺體。然而，海蛇如果確實喝到了海水，牠們的鹽腺不能夠處理大量進入身體的鹽分，這造成了一個嚴重的問題。若談到要獲取足夠的飲用水。如果海水不是個選擇，那這種動物要如何在海洋中生存呢？

marine〔mə'rin〕adj. 海洋的   including〔ɪn'kludɪŋ〕prep. 包含
penguin〔'pɛngwɪn〕n. 企鵝   iguana〔ɪ'gwɑnə〕n. 鬣鱗蜥【美洲熱帶
　地方所產的一種大蜥蝪】   ***marine iguana*** 海鬣蜥
evolve〔ɪ'vɑlv〕v. 演化；發展   ***get rid of*** 去除
excess〔ɪk'sɛs〕adj. 多餘的；額外的   salt〔sɔlt〕n. 鹽

expel〔ɪk'spɛl〕*v.* 吐出；排出

gland〔glænd〕*n.* 腺　　　tongue〔tʌŋ〕*n.* 舌頭

sea snake 海蛇　　***salt gland*** 鹽腺【排出體內多餘的鹽分藉以保持體液的滲透平衡】　　handle〔'hændḷ〕*v.* 處理

massive〔'mæsɪv〕*adj.* 大量的　　amount〔ə'maʊnt〕*n.* 量

actually〔'æktʃʊəlɪ〕*adv.* 實際上；事實上；確實

seawater〔'si,wɔtɚ〕*n.* 海水　　pose〔poz〕*v.* 引起；造成

when it comes to V-ing 一提到～　　option〔'apʃən〕*n.* 選擇

survive〔sə'vaɪv〕*v.* 存活；生存

An international team of researchers focused on a population of yellow-bellied sea snakes living near Costa Rica, where rain often does not fall for up to seven months out of the year. Because yellow-bellied sea snakes usually spend all of their time far from land, rain is the animals' only source of fresh water. When it rains, a thin layer of fresh water forms on top of the ocean, providing the snakes with a fleeting opportunity to lap up that precious resource. But during the dry season when there is no rain, snakes presumably have nothing to drink. Thus, the team became interested in testing whether sea snakes became dehydrated at sea.

　　一個國際的研究團隊人員專注在一群位於在哥斯大黎加的黃腹海蛇，這裡一年之中有高達七個月沒有降雨。因為黃腹海蛇通常大多時間在遠離陸地的地方，雨是牠們唯一淡水的來源。當下雨的時候，一層薄薄的淡水會在海洋的表面上形成，提供黃腹海蛇短暫舔飲那珍貴水資源的機會。但是在乾季沒雨的時候，海蛇可能沒有東西可以喝。因此，該團隊變得有興趣測試，海蛇在海上是否會脫水。

researcher〔ri's3tʃɚ〕*n.* 研究員　　***focus on*** 專注於

population〔,papjə'leʃən〕*n.* 人口；(生物的) 群體

belly〔'bɛlɪ〕*n.* 腹部

Costa Rica〔'kɔstə 'rɪkə〕*n.* 哥斯大黎加【哥斯大黎加共和國，通稱哥斯大黎加，是中美洲國家】

up to 高達　　***out of*** …之中　　***far from*** 遠離

source〔sors〕*n.* 來源　　***fresh water*** 淡水

thin〔θɪn〕*adj.* 薄的　　layer〔'leɚ〕*n.* 一層

form〔fɔrm〕*v.* 形成　　***on top of*** 在…的上面

provide〔prə'vaɪd〕*v.* 提供　　fleeting〔'flitɪŋ〕*adj.* 短暫的

opportunity〔,apɚ'tunətɪ〕*n.* 機會　　***lap up*** 喝掉；舔飲

precious〔'prɛʃəs〕*adj.* 珍貴的　　resource〔rɪ'sors〕*n.* 資源

> **dry season** 乾季　　presumably〔prɪˈzjuməblɪ〕*adv.* 或許；可能
> thus〔ðʌs〕*adv.* 因此　　**be interested in** 對⋯感興趣
> test〔tɛst〕*v.* 測試　　dehydrated〔diˈhaɪdretɪd〕*adj.* 脫水的
> **at sea** 在海上

The researchers collected more than 500 yellow-bellied sea snakes and weighed them. They found that during the dry season about half of the snakes accepted fresh water offered to them, while nearly none did during the wet season. A snake's likelihood to drink also correlated with its body condition, with more withered snakes being more likely to drink, and to drink more. Finally, as predicted, snakes captured during the dry season contained significantly less body water than those scooped up in the rainy season. Thus, it seems the snake is able to endure certain degrees of dehydration in between rains. Scientists believe that dehydration at sea may explain the declining populations of sea snakes in some parts of the world.

　　研究人員收集了超過五百隻黃腹海蛇，並秤重。他們發現在乾季的時候，大約一半的海蛇接受提供給牠們淡水，然而在雨季的時候，幾乎沒有蛇接受水。蛇喝水的可能性和牠的身體狀況相關，越脫水的蛇越可能喝水，並喝更多水。最後，如所預測，在乾季捕捉到的蛇，身體所含的水分遠遠低於在雨季捕捉到的蛇。因此，看似蛇能夠忍受在雨季之間某個程度的脫水。科學家相信，海上的脫水可能解釋了爲何在世界上某些地方，海蛇的數量爲何逐漸減少。

> collect〔kəˈlɛkt〕*v.* 收集　　weigh〔we〕*v.* 給⋯秤重
> nearly〔ˈnɪrlɪ〕*adv.* 幾乎；將近　　**wet season** 濕季；雨季
> likelihood〔ˈlaɪklɪ͵hud〕*n.* 可能性
> correlate〔ˈkɔrə͵let〕*v.* (與⋯) 相關 < *with* >
> condition〔kənˈdɪʃən〕*n.* 身體狀況
> withered〔ˈwɪðəd〕*adj.* 枯萎的；乾枯的；脫水的
> predict〔prɪˈdɪkt〕*v.* 預測　　capture〔ˈkæptʃə〕*v.* 捕捉
> contain〔kənˈten〕*v.* 包含；容納
> significantly〔sɪgˈnɪfəkəntlɪ〕*adv.* 相當地；顯著地 (= *considerably*)
> scoop〔skup〕*v.* 舀取；抓取 (= *capture*)　　**rainy season** 雨季
> **be able to V.** 能夠　　endure〔ɪnˈdur〕*v.* 忍受
> certain〔ˈsɝtn̩〕*adj.* 某些的　　degree〔dɪˈgri〕*n.* 程度
> dehydration〔͵dihaɪˈdreʃən〕*n.* 脫水　　**in between** 在⋯的期間
> rains〔renz〕*n.* 雨季 (= *a rainy season*)　　explain〔ɪkˈsplen〕*v.* 解釋
> declining〔dɪˈklaɪnɪŋ〕*adj.* 逐漸減少的；逐漸衰退的
> parts〔parts〕*n. pl.* 地區

53. (**A**) 本文中所描述的研究目的是什麼？
　　(A) 測試是否海蛇在海上失去身體的水分。
　　(B) 看看是否海蛇喝提供給牠們的水。
　　(C) 找出是否海蛇數量大大減少。
　　(D) 證明海蛇只喝來自河流的水。

　　purpose〔ˈpɝpəs〕*n.* 目的　　study〔ˈstʌdɪ〕*v.* 研究
　　describe〔dɪˈskraɪb〕*v.* 描述
　　passage〔ˈpæsɪdʒ〕*n.*（文章的）一段
　　reduce〔rɪˈdjus〕*v.* 減少

54. (**C**) 關於海蛇以下何者為真？
　　(A) 牠們的鹽腺可以去除海水的鹽份。
　　(B) 當海水和淡水混在一起時，牠們可以喝海水。
　　(C) 海洋對牠們來說像是一片沙漠，因為牠們不喝海水。
　　(D) 牠們通常生活在鄰近海岸的地方，這裡比較多淡水。

　　remove〔rɪˈmuv〕*adj.* 去除　　mix〔mɪks〕*v.* 混合
　　rainwater〔ˈrenˌwɔtɚ〕*n.* 雨水
　　desert〔ˈdɛzɚt〕*n.* 沙漠
　　costal〔ˈkostḷ〕*adj.* 沿岸的；臨海的

55. (**A**) 以下何者是該研究的調查結果？
　　(A) 如果海蛇脫水且虛弱，牠會喝較多的淡水。
　　(B) 如果在濕季被捕捉到，海蛇喝很多的淡水。
　　(C) 大多的海蛇被捕捉時失去了很多身體的水分。
　　(D) 脫水對海蛇不是問題，因為牠們生活在海上。

　　findings〔ˈfaɪndɪŋz〕*n. pl.* 調查結果；研究發現
　　dried〔draɪd〕*adj.* 乾燥的；脫水的
　　weak〔wik〕*adj.* 虛弱的

56. (**D**) 從這研究中可以推論出什麼？
　　(A) 海蛇可以輕易地從長年的乾旱中生還。
　　(B) 演化很可能使海蛇能夠喝海水。
　　(C) 海蛇將會是最後一個受全球暖化影響的生物。
　　(D) 海蛇數量的分佈和降雨息息相關。

　　infer〔ɪnˈfɝ〕*v.* 推論　　survive〔səˈvaɪv〕*v.* 從～生還；存活
　　drought〔draʊt〕*n.* 乾旱　　evolution〔ˌɛvəˈluʃən〕*n.* 演化

enable〔ɪn'ebḷ〕*v.* 使能夠　　creature〔'kritʃ〕*n.* 生物；動物
global warming 全球暖化
distribution〔͵dɪstrə'bjuʃən〕*n.* 分配；分佈
closely〔'kloslɪ〕*adv.* 緊密地；密切地　　***be related to*** 和…相關
rainfall〔'ren͵fɔl〕*n.* 降雨；降雨量

第貳部分：非選擇題

一、中譯英

1. 相較於他們父母的世代，現今年輕人享受較多的自由和繁榮。

Compared with
In comparison with 〉 their parents' generation, { young people / the youth }
nowadays enjoy more freedom and prosperity.

2. 但是在這個快速改變的世界中，他們必須學習如何有效地因應新的挑戰。

But
However, 〉 in this fast-changing world, they { have to / must } learn how to

{ adapt to / respond to / deal with / cope with / handle } new challenges effectively.

二、英文作文：

Household Chores

　　The sharing of household chores should be based on each family member's contribution to their overall living conditions and situations. ***For instance***, if my father works a full-time job and a part-time job on the weekends, he shouldn't be expected to come home and wash the dishes. ***Likewise***, my mother also has a full-time job, so her commitment to household chores is limited to what she feels comfortable with. ***At the same time***, anybody in the household who is not making a contribution to the family is much more likely to be responsible for household chores. My family doesn't do a lot of cooking at home, so ***fortunately***, washing the dishes is rarely if ever necessary.

　　In my house, the two main chores——cleaning and laundry——are shared between me and my older brother, mainly because we are students and contribute absolutely nothing to the family. *So* we take turns and maintain a chore schedule that is posted on the refrigerator each morning. Every day, following our studies, we have a list of tasks which must be completed before we can go outside, or watch TV, or play video games. We *also* do the laundry on alternate weekends, usually on Sunday. *Neither* my brother *nor* I mind doing these chores, and in fact, we have our preferences. My brother hates scrubbing the toilet bowls and I can't stand the noise of the vacuum cleaner, so we have an agreement. *And* we're happy to be contributing something to the family.

> household〔'haʊs,hold〕*adj.* 家庭的　　*n.* 家庭；全家人
> chores〔tʃɔrz〕*n. pl.* 雜事　　*household chores* 家事
> *be based on* 根據　　overall〔'ovɚ,ɔl〕*adj.* 全部的；整體的
> *living conditions* 生活條件　　situation〔,sɪtʃu'eʃən〕*n.* 情況
> *for instance* 舉例來說（ = *for example* ）
> expect〔ɪk'spɛkt〕*v.* 期待　　dishes〔'dɪʃɪz〕*n. pl.* 餐具；碗盤
> likewise〔'laɪk,waɪz〕*adv.* 同樣地
> commitment〔kə'mɪtmənt〕*n.* 奉獻；付出
> contribution〔,kɑntrə'bjuʃən〕*n.* 貢獻　　*be likely to V.* 可能 ~
> *be responsible for* 對…負責　　*do a lot of V-ing* 做很多的…
> fortunately〔'fɔrtʃənɪtlɪ〕*adv.* 幸運地；幸虧
> rarely〔'rɛrlɪ〕*adv.* 罕見地；很少　　*rarely if ever* 就算有也很少
> laundry〔'lɔndrɪ〕*n.* 待洗衣物
> contribute〔kən'trɪbjut〕*v.* 貢獻 < *to* >
> absolutely〔'æbsə,lutlɪ〕*adv.* 絕對地；完全地
> *take turns* 輪流　　maintain〔men'ten〕*v.* 維持
> schedule〔'skɛdʒul〕*n.* 預定表；計畫　　post〔post〕*v.* 張貼
> task〔tæsk〕*n.* 工作；任務　　*do the laundry* 洗衣服
> alternate〔'ɔltənɪt〕*adj.* 隔一的　　preference〔'prɛfərəns〕*n.* 偏好
> scrub〔skrʌb〕*v.* 刷洗　　toilet〔'tɔɪlɪt〕*n.* 廁所；馬桶
> *toilet bowl* 抽水馬桶　　stand〔stænd〕*v.* 忍受
> vacuum〔'vækjuəm〕*n.* 真空；吸塵器
> *vacuum cleaner* 吸塵器（ = *vacuum* ）
> agreement〔ə'grimənt〕*n.* 協議

105 年學測英文科試題出題來源

題　　號	出　　處
一、詞彙 第 1～15 題	所有各題對錯答案的選項，均出自大考中心編製的「高中常用7000 字」。
二、綜合測驗 第 16～20 題	改寫自 The Ransom of Red Chief（紅酋長的贖金），改寫自歐・亨利幽默短文，敘述比爾和山姆綁架小孩的過程和最後諷刺的結果。
第 21～25 題	改寫自 Lie Detector and Polygraph Tests: Are They Reliable?（測謊機和測謊測驗：他們可靠嗎？），描寫測謊機的運作理論和方式。
第 26～30 題 【WHO】	改寫自 Trade（貿易），選自世界衛生組織（WHO）的網站，描述貿易的影響層面遍及國際，影響各國進出口品，以及其經濟、社會、和政治的重要性。
三、文意選填 第 31～40 題	改寫自 Abdul Kareem's Forest（阿卜杜卡里姆的森林），描寫一位來自印度鄉村而深深愛好森林的阿卜杜卡里姆如何創造森林。
四、閱讀測驗 第 41～44 題 【BBC】	改寫自 Japan and blood types: Does it determine personality?（日本和血型：這眞的能決定個性嗎？），描述日本人看待血型和個性的關係，以及在其應用的層面和後果。
第 45～48 題 【MIT】	改寫自 Jeannie Low（吉妮・羅），敘述一位五歲小女孩發明浴室用小板凳的故事。
第 49～52 題 【TIME】	改寫自 13 Million Middle Eastern Children Are Unable to Attend School（一千三百萬的中東孩童無法上學），描述超過一千三百萬中東的孩童因爲戰爭而無法上學，未來的狀況依然懸而未知。
第 53～56 題	改寫自 Some Sea Snakes Can Go Seven Months Without Drinking Water（有些水蛇可以七個月不喝水），描述在海上的水蛇何以在雨季和乾季高達七個月的間隔中，喝淡水而存活。

105 年學測英文科試題修正意見

※105 年學測英文試題出得很嚴謹，只有八個地方建議修正：

題　　號	修　　正　　意　　見
第 16～20 題 第 6 行	*Yet,* knowing perfectly well.... → ***Yet*** knowing perfectly well.... * yet 後面不須加逗點。
第 26～30 題 第二段第 1 行	While international trade has long been conducted *in history*, ... → 去掉 in history，或改成：While international trade **has been conducted** 　　**for hundreds of years**, ... * in history 是多餘的。
第 43 題 (D)	He was discriminated against because of *blood type*. → He was discriminated against because of **his blood type**. * 依句意，應該是因為「他的」血型所以受人歧視，故須加 his。
第 45～48 題 第二段第 5 行	..., and so serving as a support for the first piece of *the* wood. → 去掉 the。 * the first piece of wood（第一塊木頭），不須加 the。
第 49～52 題 第三段第 2 行	With the crisis now in its fifth year, basic public services, *including* *education, inside Syria* have been..... → With the crisis now in its fifth year, basic public services ***inside*** 　　***Syria***, ***including education***, have been..... * inside Syria（敘利亞境內的）應該緊接在所修飾的 basic public 　services 之後。
第 53～56 題 第 2 行	..., around their *tongue*. → ..., around their ***tongues***. * 「牠們的」舌頭，應該是複數形，所以 tongue 要加 s。 However, the sea snake's salt glands cannot handle the massive amounts of salt that would enter *their bodies* if *they* actually drank seawater. → However, the sea snake's salt glands cannot handle the massive 　　amounts of salt that would enter ***its body*** if ***it*** actually drank 　　seawater. * the sea snake 是單數，所以 their bodies 要改成 its body，代名詞要 　用 it。
第 55 題 (A)	If a sea snake was dried *and weak*, it drank more fresh water. → 去掉 and weak。 *因為內文沒有提到 weakness（虛弱），所以應該把 and weak 去掉。

【105 年學測】綜合測驗：16-20 出題來源

—— http://www.balancepublishing.com/ransyn.htm

"The Ransom of Red Chief"

Synopsis of the play.

Sam and Bill, a couple of down-on-their-luck con men, decide to kidnap the young son of a prosperous banker in Summit, a small Alabama town, to finance one of their crooked land deals in Illinois. They kidnap the boy and hide him in a cave a few miles from Summit. At the cave, they finalize their scheme to write a ransom letter asking for $2,000 ransom to return the boy. The boy, an eight-year old freckle-faced red-headed hellion, loves living in the cave. He treats the kidnapping as a wonderful adventure. Calling himself "Red Chief" he makes believe his kidnappers are really his captives. He plans to burn Sam at the stake and scalp Bill at daybreak. On the first night, the boy actually attempts to scalp Bill, using a sharp kitchen knife.

Throughout the story, Red Chief terrorizes Bill, whose job it is to placate the boy while Sam handles the various details of collecting the ransom. They write the ransom letter, but Bill convinces Sam that $2,000 is too much for a kid like Red Chief. They lower the ransom to $1500. Sam returns the carriage they had rented, and mails their ransom note.

The strain on Bill continues to worsen. Red Chief uses his sling shot to knock Bill out, making him fall across the campfire and puts a hot baked potato down Bill's back smashing it with his foot. Bill is made to play the horse in Red Chief's Black Scout game and is ridden ninety miles to the stockade and forced to eat sand for oats.

At last the reply from the boy's father arrives, but it is not what the kidnapers expect. Ebenzer Dorset answers the kidnappers' note with a counter-proposal. He'll accept his son back only if they pay him. To get the boy to return home with them, Sam tells Red Chief that his father has bought him a silver-mounted rifle and is planning to take him bear hunting.

Sam and Bill gladly hand over Red Chief and $250.00 to the banker and flee town, poorer and wiser men.

【105 年學測】綜合測驗：21-25 出題來源

——http://www.nolo.com/legal-encyclopedia/lie-detector-tests-tell-truth-29637. html

Lie Detector and Polygraph Tests: Are They Reliable?

Lie detector tests -- or polygraph tests, in more scientific terms -- are rarely used in criminal trials. The theory underlying a lie detector test is that lying is stressful, and that this stress can be measured and recorded on a polygraph machine.

Lie detectors are called polygraphs because the test consists of simultaneously monitoring several of the suspect's physiological functions -- breathing, pulse, and galvanic skin response -- and printing out the results on graph paper. The printout shows exactly when, during the questioning period, the biologic responses occurred. If the period of greatest biologic reaction lines up with the key questions on the graph paper -- the questions that would implicate the person as being involved with the crime -- stress is presumed. And along with this presumption of stress comes a second presumption: that the stress indicates a lie.

Arguments For and Against

Supporters of lie detector tests claim that the test is reliable because:

- very few people can control all three physiological functions at the same time, and
- polygraph examiners run preexamination tests on the suspect that enable the examiners to measure that individual's reaction to telling a lie.

On the other hand, critics of polygraph testing argue that:

- many subjects can indeed conceal stress even when they are aware that they are lying, and

- there is no reliable way to distinguish an individual's stress generated by the test and the stress generated by a particular lie.

The courts in most jurisdictions doubt the reliability of lie detector tests and refuse to admit the results into evidence. Some states do admit the results of polygraph tests at trial if the prosecution and defendant agree prior to the test that its results will be admissible.

⋮

【105 年學測】綜合測驗：26-30 出題來源

——http://www.who.int/trade/glossary/story090/en/

International trade is the exchange of goods and services between countries. Trade is driven by different production costs in different countries, making it cheaper for some countries to import commodities rather than make them. Today, all countries are involved in, and to varying degrees dependent on, trade with other countries.

A country is said to have a comparative advantage over another when it can produce a commodity more cheaply. A country's comparative advantage is determined by key factors of production such as land, capital and labour; more recently, information and communications capacity has become important.

National trade policies and practice tend to waver between protecting national interests and domestic industry to limit the import of goods and services (known as protectionism), and promoting free trade. When the international exchange of goods is neither hindered nor encouraged, trade is referred to as being free trade. Neo-liberals argue that a free trade system is most efficient because it allows countries to use their resources to best advantage, producing the goods they are best placed to produce, and importing others, thus driving economic growth. Others argue that even under a system with limited trade barriers or none at all, "free trade" is hampered by restrictions on labour mobility, monopolies on production and, not least, political imperatives (for example countries wanting to maintain self-sufficiency in key production areas such as food).

⋮

【105 年學測】文意選填：31-40 出題來源

—http://www.pitara.com/non-fiction-for-kids/features-for-ki
ds/abdul-kareems-forest/

Abdul Kareem's Forest

A lush green forest in the middle of a rocky wasteland. No, this paradise is not an illusion. Abdul Kareem has created it with his own hands.

Kareem's 30-acre forest is in Kasargode district, Kerala. It is home to 1,500 medicinal plants, 2,000 varieties of trees, rare birds, animals and insects. Agricultural scientist, MS Swaminathan, has called the forest a "wonderful example of the power harmony with nature."

So, how did Kareem manage to convert a wasteland into a forest? Let us go back 24 years, to 1977, when Kareem purchased a five-acre rocky wasteland. Kareem was an airlines ticketing agent with a craze for the woods. Though he never went to college, he could talk about the properties of plants and trees like an expert botanist, reports The Hindustan Times.

Kareem dug a huge well and began to toil in the rocky, arid terrain. In the beginning, people thought he was crazy to waste his time and money on wasteland. But, Kareem has 'green fingers' (a term used for people who love nature). Soon, he began investing more and more of his savings to add land and amenities.

Today, the 'wasteland' is the haven of nature-lovers – from students wanting to explore the woods, to agricultural scientists. Kareem has been honoured by several organisations, including the United Nations, for his work.

He just let his forest grow naturally, without insecticides or fertilisers. He believed in the ability of nature to replenish itself without the interference of humans. That's why he does not allow fallen leaves or twigs from the forest to be removed.

Recently, Kareem even refused an offer by a well-known resort to launch an Ayurveda (ancient Hindu practice of holistic medicine) centre in the forest.

"I wanted to spread the message that if trees, animals and birds survive, only then human beings have a future," Kareem said in an interview.

Shouldn't we be listening?

【105 年學測】閱讀測驗：41-44 出題來源

——http://www.bbc.com/news/magazine-20170787

Japan and blood types: Does it determine personality?

Are you A, B, O or AB? It is a widespread belief in Japan that character is linked to blood type. What's behind this conventional wisdom?

Blood is one thing that unites the entire human race, but most of us don't think about our blood group much, unless we need a transfusion. In Japan, however, blood type has big implications for life, work and love.

Here, a person's blood type is popularly believed to determine temperament and personality. "What's your blood type?" is often a key question in everything from matchmaking to job applications.

According to popular belief in Japan, type As are sensitive perfectionists and good team players, but over-anxious. Type Os are curious and generous but stubborn. ABs are arty but mysterious and unpredictable, and type Bs are cheerful but eccentric, individualistic and selfish.

About 40% of the Japanese population is type A and 30% are type O, whilst only 20% are type B, with AB accounting for the remaining 10%.

⋮

【105 年學測】閱讀測驗：45-48 出題來源

——http://lemelson.mit.edu/resources/jeannie-low

Jeannie Low

The Kiddie Stool

Jeanie Low of Houston, Texas created her best known invention, the Kiddie Stool, while she was still in kindergarten.

At that time, Jeanie was using a plastic step-stool in order to reach the bathroom sink. But step-stools were inconvenient, unstable and breakable, and cluttered up the room. Hearing about an invention contest at her school, Jeanie resolved to make a stool that would be a permanent but inconspicuous fixture in the bathroom.

She went to a local hardware store for supplies. The employees gladly provided wood, screws, hinges and magnets, but they were skeptical about Jeanie's idea. She proved them wrong.

Jeanie had cut a plank of wood into two pieces, each about as wide as a sheet of notebook paper, and half again as long. Using hinges, Jeanie attached one piece to the front of the bathroom vanity, and the second piece to the first. The first piece was set just high enough so that when it swung out horizontally from the face of the vanity, the second piece would swing down perpendicular to the first, just touching the ground, and so serving as a support for the platform above. This created a convenient, sturdy step-up for any person too short to reach the sink otherwise. When not in use, the hinges allowed the two platforms to fold back up flush against the vanity, where they were held in place by magnets.

Jeanie's Kiddie Stool won first place in her school's contest. Two years later, at age seven, Jeanie won first prize again at Houston's first annual Invention Fair. As a result, she was featured on local TV and in the Houston Post. Soon thereafter, Jeanie discovered the Houston

Inventors Association. Encouraged by her fellow inventors, and helped by a member who was a patent attorney, Jeanie applied for a patent, which was granted in 1992 (#5,094,515, "Folding step for cabinet doors").

【105 年學測】閱讀測驗：49-52 出題來源

——http://time.com/4021101/middle-east-children-education-unicef-report/

13 Million Middle Eastern Children Are Unable to Attend School

At least 8,500 schools are unusable, and millions of people have been displaced

Ongoing conflicts across the Middle East have prevented more than 13 million children from attending school, according to a report published Thursday by UNICEF, the U.N.'s Children's Fund.

The report states that 40% of all children across the region are currently not receiving an education, a crisis it attributes to two repercussions of violence: the displacement of populations and structural damages to the schools themselves. Both issues stem from the tide of violence that has crossed the region in recent years.

The report examines nine countries — Syria, Palestine, Libya, Yemen, Sudan, Iraq, Lebanon, Turkey, and Jordan — where a state of war has become the norm. Across the region, violence has rendered 8,500 schools unusable. In certain cases, communities have relied on school buildings to function as makeshift shelters for the displaced, with up to nine families living in a single classroom in former schools across Iraq. The document's authors pay particularly close attention to Syria, where a bloody civil war has displaced at least 9 million people since the war began in 2011.

⋮

【105 年學測】閱讀測驗：53-56 出題來源

　　──http://www.smithsonianmag.com/science-nature/some-sea-snakes-
　　can-go-seven-months-without-drinking-water-180950157/?no-ist

Some Sea Snakes Can Go Seven Months Without Drinking Water

To survive the dry season, yellow-bellied sea snakes severely dehydrate until
the wet season brings freshwater for them to lap up from the ocean's surface

Sea snakes—as their name implies—spend all of their time at sea. On
land, these marine creatures are virtually helpless, unable to slither or move
about. With their paddled tails, narrow heads and thin, fish-like bodies, a sea
snake slinking through a coral reef could easily be mistaken for an eel.

Yet for all of their sea faring finesse, sea snakes—which evolved from
terrestrial snakes—are not completely at home beneath the waves. For
starters, like sea turtles and marine mammals, they do not have gills and so
must regularly surface for air. And like other marine animals with terrestrial
roots, including penguins and marine iguanas, sea snakes had to evolve ways to
excrete excess salt, which they accomplish special salt-expelling glands around
their tongue. Unlike animals like sea turtles, however, the sea snakes' salt
glands cannot handle the massive amounts of salt that would enter their bodies
if they actually drank seawater.

This poses a serious problem when it comes to getting enough water to drink. If
seawater is off limits, how do these animals survive in the ocean?

An international team of researchers decided to investigate this question by
studying yellow-bellied sea snakes, which live in warm, open waters around
the world. In a paper published in *Proceedings of the Royal Society B*, the team
focused on a population of animals living near Costa Rica, where rain
oftentimes does not fall for up to seven months out of the year. "Rainfall is
more likely to occur over land, so the open ocean can be a virtual 'desert'
especially during the dry season," the researchers explain.

⋮

105 年大學入學學科能力測驗試題
數學考科

第壹部分：選擇題（占 65 分）

一、單選題（占 30 分）

說明：第 1 題至第 6 題，每題有 5 個選項，其中只有一個是正確或最
　　　適當的選項，請畫記在答案卡之「選擇（填）題答案區」。各
　　　題答對者，得 5 分；答錯、未作答或畫記多於一個選項者，該
　　　題以零分計算。

1. 設 $f(x)$ 為二次實係數多項式，已知 $f(x)$ 在 $x = 2$ 時有最小值 1
　 且 $f(3) = 3$。請問 $f(1)$ 之值為下列哪一選項？
　 (1) 5　　　　　　　　(2) 2　　　　　　　　(3) 3
　 (4) 4　　　　　　　　(5) 條件不足，無法確定

2. 請問 $\sin 73°$、$\sin 146°$、$\sin 219°$、$\sin 292°$、$\sin 365°$ 這五個數值
　 的中位數是哪一個？
　 (1) $\sin 73°$　　　　　(2) $\sin 146°$　　　　(3) $\sin 219°$
　 (4) $\sin 292°$　　　　(5) $\sin 365°$

3. 坐標平面上兩圖形 Γ_1，Γ_2 的方程式分別為：$\Gamma_1 : (x+1)^2 + y^2 = 1$、
　 $\Gamma_2 : (x+y)^2 = 1$。請問 Γ_1，Γ_2 共有幾個交點？
　 (1) 1 個　　　　　　　(2) 2 個　　　　　　　(3) 3 個
　 (4) 4 個　　　　　　　(5) 0 個

4. 放射性物質的半衰期 T 定義為每經過時間 T，該物質的質量會衰
　 退成原來的一半。鉛製容器中有兩種放射性物質 A、B，開始紀

錄時容器中物質 A 的質量爲物質 B 的兩倍，而 120 小時後兩種物質的質量相同。已知物質 A 的半衰期爲 7.5 小時，請問物質 B 的半衰期爲幾小時？

(1) 8 小時　　　　(2) 10 小時　　　　(3) 12 小時

(4) 15 小時　　　　(5) 20 小時

5. 坐標空間中一質點自點 $P(1,1,1)$ 沿著方向 $\vec{a} = (1,2,2)$ 等速直線前進，經過 5 秒後剛好到達平面 $x - y + 3z = 28$ 上，立即轉向沿著方向 $\vec{b} = (-2,2,-1)$ 依同樣的速率等速直線前進。請問再經過幾秒此質點會剛好到達平面 $x = 2$ 上？

(1) 1 秒　　　　(2) 2 秒　　　　(3) 3 秒

(4) 4 秒　　　　(5) 永遠不會到達

6. 設 $\langle a_n \rangle$ 爲一等比數列。已知前十項的和爲 $\sum_{k=1}^{10} a_k = 80$，前五個奇數項的和爲 $a_1 + a_3 + a_5 + a_7 + a_9 = 120$，請選出首項 a_1 的正確範圍。

(1) $a_1 < 80$　　　　　　　(2) $80 \le a_1 < 90$

(3) $90 \le a_1 < 100$　　　　(4) $100 \le a_1 < 110$

(5) $110 \le a_1$

二、多選題（占 35 分）

說明：第 7 題至第 13 題，每題有 5 個選項，其中至少有一個是正確的選項，請將正確選項畫記在答案卡之「選擇（塡）題答案區」。各題之選項獨立判定，所有選項均答對者，得 5 分；答錯 1 個選項者，得 3 分；答錯 2 個選項者，得 1 分；答錯多於 2 個選項或所有選項均未作答者，該題以零分計算。

7. 下列各方程式中，請選出有實數解的選項。

(1) $|x| + |x-5| = 1$ (2) $|x| + |x-5| = 6$

(3) $|x| - |x-5| = 1$ (4) $|x| - |x-5| = 6$

(5) $|x| - |x-5| = -1$

8. 下面是甲、乙兩個商場的奇異果以及蘋果不同包裝的價格表，例如：甲商場奇異果價格「35 元／一袋 2 顆」表示每一袋有 2 顆奇異果，價格 35 元。

甲商場售價

奇異果價格	20 元／一袋 1 顆	35 元／一袋 2 顆	80 元／一袋 5 顆	100 元／一袋 6 顆
蘋果價格	45 元／一袋 1 顆	130 元／一袋 3 顆	260 元／一袋 6 顆	340 元／一袋 8 顆

乙商場售價

奇異果價格	18 元／一袋 1 顆	50 元／一袋 3 顆	65 元／一袋 4 顆	95 元／一袋 6 顆
蘋果價格	50 元／一袋 1 顆	190 元／一袋 4 顆	280 元／一袋 6 顆	420 元／一袋 10 顆

依據上述數據，請選出正確的選項。

(1) 在甲商場買一袋 3 顆裝的蘋果所需金額低於買三袋 1 顆裝的蘋果

(2) 乙商場的奇異果售價，一袋裝越多顆者，其每顆單價越低

(3) 若只想買奇異果，則在甲商場花 500 元最多可以買到 30 顆奇異果

(4) 如果要買 12 顆奇異果和 4 顆蘋果，在甲商場所需最少金額低於在乙商場所需最少金額

(5) 無論要買多少顆蘋果，在甲商場所需最少金額都低於在乙商
場所需最少金額

9. 下列各直線中，請選出和 z 軸互為歪斜線的選項。

(1) $L_1 : \begin{cases} x = 0 \\ z = 0 \end{cases}$ 　　　(2) $L_2 : \begin{cases} y = 0 \\ x + z = 1 \end{cases}$

(3) $L_3 : \begin{cases} z = 0 \\ x + y = 1 \end{cases}$ 　　　(4) $L_4 : \begin{cases} x = 1 \\ y = 1 \end{cases}$

(5) $L_5 : \begin{cases} y = 1 \\ z = 1 \end{cases}$

10. 設 a、b、c 皆為正整數，考慮多項式 $f(x) = x^4 + ax^3 + bx^2 + cx + 2$。
請選出正確的選項。

(1) $f(x) = 0$ 無正根

(2) $f(x) = 0$ 一定有實根

(3) $f(x) = 0$ 一定有虛根

(4) $f(1) + f(-1)$ 的值是偶數

(5) 若 $a + c > b + 3$，則 $f(x) = 0$ 有一根介於 -1 與 0 之間

11. 一個 41 人的班級某次數學考試，每個人的成績都未超過 59 分。
老師決定以下列方式調整成績：原始成績為 x 分的學生，新成績
調整為 $40\log_{10}(\dfrac{x+1}{10}) + 60$ 分（四捨五入到整數）。請選出正確的
選項。

(1) 若某人原始成績是 9 分，則新成績為 60 分

(2) 若某人原始成績超過 20 分，則其新成績超過 70 分

⑶ 調整後全班成績的全距比原始成績的全距大

⑷ 已知小文的原始成績恰等於全班原始成績的中位數，則小文的新成績仍然等於調整後全班成績的中位數

⑸ 已知小美的原始成績恰等於全班原始成績的平均，則小美的新成績仍然等於調整後全班成績的平均（四捨五入到整數）

12. 在 ΔABC 中，已知 $\angle A = 20°$、$\overline{AB} = 5$、$\overline{BC} = 4$。請選出正確的選項。

⑴ 可以確定 $\angle B$ 的餘弦值

⑵ 可以確定 $\angle C$ 的正弦值

⑶ 可以確定 ΔABC 的面積

⑷ 可以確定 ΔABC 的內切圓半徑

⑸ 可以確定 ΔABC 的外接圓半徑

13. 甲、乙、丙、丁四位男生各騎一台機車約 A、B、C、D 四位女生一起出遊，他們約定讓四位女生依照 A、B、C、D 的順序抽鑰匙來決定搭乘哪位男生的機車。其中除了 B 認得甲的機車鑰匙，並且絕對不會選取之外，每個女生選取這些鑰匙的機會都均等。請選出正確的選項。

⑴ A 抽到甲的鑰匙的機率大於 C 抽到甲的鑰匙的機率

⑵ C 抽到甲的鑰匙的機率大於 D 抽到甲的鑰匙的機率

⑶ A 抽到乙的鑰匙的機率大於 B 抽到乙的鑰匙的機率

⑷ B 抽到丙的鑰匙的機率大於 C 抽到丙的鑰匙的機率

⑸ C 抽到甲的鑰匙的機率大於 C 抽到乙的鑰匙的機率

第貳部分：選填題（占 35 分）

說明：1. 第 A 至 G 題，將答案畫記在答案卡之「選擇（填）題答案區」所標示的列號（14–31）。

　　　2. 每題完全答對給 5 分，答錯不倒扣，未完全答對不給分。

A. 考慮每個元（或稱元素）只能是 0 或 1 的 2×3 階矩陣，且它的第一列與第二列不相同且各列的元素不能全為零，這樣的矩陣共有 ⑭⑮ 個。

B. 坐標平面上 O 為原點，設 $\vec{u} = (1,2)$、$\vec{v} = (3,4)$。令 Ω 為滿足 $\overrightarrow{OP} = x\vec{u} + y\vec{v}$ 的所有點 P 所形成的區域，其中 $\frac{1}{2} \le x \le 1$、$-3 \le y \le \frac{1}{2}$，則 Ω 的面積為 $\dfrac{⑯}{⑰}$ 平方單位。（化成最簡分數）

C. 從橢圓 Γ 的兩焦點分別作垂直於長軸的直線，交橢圓於四點。已知連此四點得一個邊長為 2 的正方形，則 Γ 的長軸長為 ⑱ + $\sqrt{⑲}$。

D. 線性方程組 $\begin{cases} x + 2y + 3z = 0 \\ 2x + y + 3z = 6 \\ x - y = 6 \\ x - 2y - z = 8 \end{cases}$ 經高斯消去法計算後，其增廣矩陣可

化簡為 $\begin{bmatrix} 1 & 0 & a & | & b \\ 0 & 1 & c & | & d \\ 0 & 0 & 0 & | & 0 \\ 0 & 0 & 0 & | & 0 \end{bmatrix}$，則 $a = $ ⑳ ，$b = $ ㉑ ，$c = $ ㉒ ，

$d = $ ㉓㉔ 。

E. 設 a 為一實數，已知在第一象限滿足聯立不等式 $\begin{cases} x-3y \le a \\ x+2y \le 14 \end{cases}$ 的

所有點所形成之區域面積為 $\dfrac{213}{5}$ 平方單位，則 $a = \underline{\quad ㉕ \quad}$ 。

F. 投擲一公正骰子三次，所得的點數依序為 a,b,c。

在 b 為奇數的條件下，行列式 $\begin{vmatrix} a & b \\ b & c \end{vmatrix} > 0$ 的機率

為 $\dfrac{㉖㉗}{㉘㉙}$ 。（化成最簡分數）

G. 如右圖所示，$ABCD - EFGH$ 為一長方體。

若平面 BDG 上一點 P 滿足 $\overrightarrow{AP} = \dfrac{1}{3}\overrightarrow{AB} +$

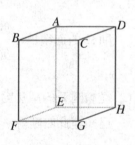

$2\overrightarrow{AD} + a\overrightarrow{AE}$，則實數 $a = \dfrac{㉚}{㉛}$ 。

（化成最簡分數）

參考公式及可能用到的數值

1. 首項為 a，公差為 d 的等差數列前 n 項之和為 $S = \dfrac{n(2a+(n-1)d)}{2}$

   首項為 a，公比為 r $(r \neq 1)$ 的等比數列前 n 項之和為 $S = \dfrac{a(1-r^n)}{1-r}$

2. 三角函數的和角公式： $\sin(A+B) = \sin A \cos B + \cos A \sin B$

   $\cos(A+B) = \cos A \cos B - \sin A \sin B$

   $\tan(A+B) = \dfrac{\tan A + \tan B}{1 - \tan A \tan B}$

3. $\triangle ABC$ 的正弦定理：$\dfrac{a}{\sin A} = \dfrac{b}{\sin B} = \dfrac{c}{\sin C} = 2R$

（ R 為 $\triangle ABC$ 外接圓半徑 ）

$\triangle ABC$ 的餘弦定理：$c^2 = a^2 + b^2 - 2ab\cos C$

4. 一維數據 $X : x_1, x_2, \ldots, x_n$ ，

算術平均數 $\mu_X = \dfrac{1}{n}(x_1 + x_2 + \cdots + x_n) = \dfrac{1}{n}\sum\limits_{i=1}^{n} x_i$

標準差 $\sigma_X = \sqrt{\dfrac{1}{n}\sum\limits_{i=1}^{n}(x_i - \mu_X)^2} = \sqrt{\dfrac{1}{n}((\sum\limits_{i=1}^{n} x_i^2) - n\mu_X^{\,2})}$

5. 二維數據 $(X, Y) : (x_1, y_1), (x_2, y_2), \ldots, (x_n, y_n)$ ，

相關係數 $r_{X,Y} = \dfrac{\sum\limits_{i=1}^{n}(x_i - \mu_X)(y_i - \mu_Y)}{n\sigma_X \sigma_Y}$

迴歸直線（最適合直線）方程式 $y - \mu_Y = r_{X,Y} = \dfrac{\sigma_Y}{\sigma_X}(x - \mu_X)$

6. 參考數值：$\sqrt{2} \approx 1.414$, $\sqrt{3} \approx 1.732$, $\sqrt{5} \approx 2.236$, $\sqrt{6} \approx 2.449$,

$\pi \approx 3.142$

7. 對數值：$\log_{10} 2 \approx 0.3010$, $\log_{10} 3 \approx 0.4771$, $\log_{10} 5 \approx 0.6990$,

$\log_{10} 7 \approx 0.8451$

105年度學科能力測驗數學科試題詳解

第壹部分:選擇題

一、單選擇

1. 【答案】(3)

　　【解析】依題意,二次式在 $x = 2$ 時有最小值,代表方程式圖形
　　　　　　為開口向上拋物線,且頂點為 $(2,1)$,對稱軸為 $x = 2$。
　　　　　　所以 $f(3) = f(1) = 3$,答案選 (3)。

2. 【答案】(5)

　　【解析】$\sin 146 = \sin 34$,$\sin 219 = -\sin 39$,
　　　　　　$\sin 292 = -\sin 68$,$\sin 365 = \sin 5$,
　　　　　　所以 $\sin 73 > \sin 34 > \sin 5 > \sin 219 > \sin 292$
　　　　　　中位數為 $\sin 5 = \sin 365$,故選(5)。

3. 【答案】(2)

　　【解析】$(x + 1)^2 + y^2 = 1 \rightarrow$ 圓心 $(-1,0)$,半徑 1 的圓;

　　　　　　$(x + y)^2 = 1 \rightarrow \begin{cases} x + y = 1 \\ x + y = -1 \end{cases}$,作圖如下:

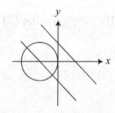

　　　　　　有兩個交點,故選 (2)。

4. 【答案】 (1)

   【解析】 A 經過了 $120 \div 75 = 16$ 次半衰期，原先 A 的質量爲 B 的

   兩倍，120 小時後質量相同，所以 B 只經過 15 次半衰期，

   $120 \div 15 = 8$，故 B 的半衰期爲 8 小時，選 (1)。

5. 【答案】 (2)

   【解析】 設 *P* 經過 5 秒後的坐標爲 $(1 + 5t, 1 + 10t, 1 + 10t)$，代入

   平面方程式 $x - y + 3z = 28 \rightarrow t = 1$，坐標爲 $(6, 11, 11)$。

   由於 $|\vec{a}| = |\vec{b}|$，假設經過 *h* 秒到達平面 $x = 2$

   $6 - 2h = 2 \rightarrow h = 2$（秒），故選 (2)。

6. 【答案】 (4)

   【解析】 設首項 a_1，公比 *r*

   $\Rightarrow S_{10} = \dfrac{a_1(1 - r^{10})}{1 - r} = 80$，奇次項和 $= \dfrac{a_1(1 - r^{10})}{1 - r^2} = 120$

   兩式相除，得 $r = -\dfrac{1}{3}$。 $a_1 = 80 \times \dfrac{4}{3} \times \dfrac{1}{1 - (\dfrac{-1}{3})^{10}} \approx 106 \sim$ ，

   故選 (4)。

二、多選題

7. 【答案】 (2) (3) (5)

   【解析】 根據三角不等式可知

   (1) (2) $\rightarrow |x| + |x - 5| \geqq |x - x + 5| = 5$

   (3) (4) (5) $\rightarrow -5 \leqq |x| - |x - 5| \leqq 5$

   故答案選 (2) (3) (5)。

8. 【答案】 (1) (2) (4)

【解析】 (1) $130 < 45 \times 3 = 135$

(2) 乙商場奇異果單價依序為 18, 16.6, 16.25, 15.83

(3) 最多可以買 31 顆蘋果（80 元 5 袋，100 元 1 袋）

(4) 甲商場最低金額為 370 元，乙商場最低金額為 380 元

(5) 買 10 顆時，甲商場要 430 元，乙商場只要 420 元

故答案為 (1) (2) (4)。

9. 【答案】 (3) (5)

【解析】 令 z 軸上點 $(0,0,t)$ 代入，沒有交點即為平行或歪斜。

其中 L_4 為平行，故答案為 (3) (5)。

10. 【答案】 (1) (4) (5)

【解析】 (1) 因為係數皆為正，故代入正數必大於 0，無正根

(2) (3) 無法判定

(4) $f(1) + f(-1) = 6 + 2b$，必為偶數

(5) $f(0) = 2 > 0$；$f(-1) = -a - c + b + 3 < 0$，

由堪根定理可知，-1 與 0 之間至少 1 根

故答案選 (1) (4) (5)。

11. 【答案】 (1) (2) (4)

【解析】 (1) $40 \log_{10} \dfrac{9+1}{10} + 60 = 60$，正確；

(2) $40 \log_{10} \dfrac{20+1}{10} + 60 > 72 > 70$，正確；

(3) 當全班分數都相同時，全距也不變，故錯誤；

(4) $\log_{10} X$ 為遞增函數，故全班分數排序不變，正確；

(5) 非線性變化，錯誤。

12. 【答案】(2) (5)

【解析】 *SSA* 可畫出兩種三角形，故 (1) (3) (5) 的選項無法確定。

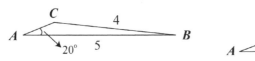 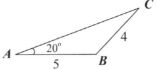

　　　　兩圖的 *C* 互補，所以正弦值不變，由正弦定理可知 (2)。
依樣由正弦定理可知 (5) 外接圓半徑 ($\dfrac{\overline{BC}}{\sin A} = 2R$)。

13. 【答案】(4) (5)

【解析】 (1) $P\,(A\,抽甲) = \dfrac{1}{4}$，$P\,(C\,抽甲) = \dfrac{3}{4} \times \dfrac{2}{2} \times \dfrac{1}{2} = \dfrac{3}{8}$，

$P\,(C) > P\,(A)$；

(2) $P\,(D\,抽甲) = \dfrac{3}{4} \times \dfrac{2}{3} \times \dfrac{1}{2} \times \dfrac{1}{1} = \dfrac{1}{4}$，$P\,(C) > P\,(D)$；

(3) $P\,(A\,抽乙) = \dfrac{1}{4}$，$P\,(B\,抽乙) = \dfrac{3}{4} \times \dfrac{1}{2} = \dfrac{3}{8}$，

$P\,(B) > P\,(A)$；

(4) $P\,(B\,抽丙) = \dfrac{3}{4} \times \dfrac{1}{2} = \dfrac{3}{8}$，

$P\,(C\,抽丙) = \dfrac{1}{4} \times \dfrac{2}{3} \times \dfrac{1}{2} + \dfrac{2}{4} \times \dfrac{1}{2} \times \dfrac{1}{2} = \dfrac{5}{24}$，

$P\,(B) > P\,(C)$；

(5) $P\,(C\,抽甲) = \dfrac{3}{4} \times \dfrac{2}{2} \times \dfrac{1}{2} = \dfrac{3}{8}$，

$$P(C抽乙) = \frac{1}{4} \times \frac{2}{3} \times \frac{1}{2} + \frac{2}{4} \times \frac{1}{2} \times \frac{1}{2} = \frac{5}{24} \,,$$

$$P(抽甲) > P(抽乙)\,;$$

故選 (4) (5)。

第貳部份：選填題

A. 【答案】 42

【解析】 $\underbrace{(2^3 - 1)^2}_{\substack{\text{每一列除} \\ (0,0,0) \text{ 以} \\ \text{外各尚有} \\ 7 \text{ 種可能}}} - \underbrace{(2^3 - 1)}_{\substack{\text{每一列除} \\ (0,0,0) \text{ 以} \\ \text{外各尚有} \\ 7 \text{ 種可能}}} = 49 - 7 = 42$

B. 【答案】 $\dfrac{7}{2}$

【解析】 $\vec{u}$、$\vec{v}$ 圍成的平行四邊形面積 $= \left\|\begin{matrix} 1 & 2 \\ 3 & 4 \end{matrix}\right\| = 2$，

P 點所形成的面積為 $\left(1 - \dfrac{1}{2}\right) \times \left(3 + \dfrac{1}{2}\right) \times 2 = \dfrac{7}{2}$。

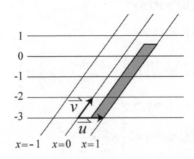

C. 【答案】$1 + \sqrt{5}$

　　【解析】設橢圓半長軸 a，半短軸 b，焦距 c，

　　　　依題意 $c = 1$，$\dfrac{b^2}{a} = 1$

　　　　$\rightarrow b^2 = a$，帶入 $a^2 = b^2 + c^2$

　　　　$\rightarrow a^2 = a + 1$

　　　　$\rightarrow a = 1 + \sqrt{5}$（負不合）。

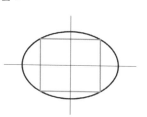

D. 【答案】$(1,4,1,-2)$

　　【解析】$\begin{cases} x + 2y + 3z = 0 & (1) \\ 2x + y + 3z = 6 & (2) \\ x - y = 6 & (3) \\ x - 2y - z = 0 & (4) \end{cases}$

　　　　$(3) - (4)：y + z = -2 \rightarrow c = 1$，$d = -2$；

　　　　$\dfrac{2 \times (2) - (1)}{3}：x + z = 4 \rightarrow a = 1$，$b = 4$

　　　　$\therefore (a,b,c,d) = (1,4,1,-2)$

E. 【答案】6

　　【解析】斜線面積 $= \triangle ABO - \triangle BDP = \dfrac{213}{5}$

　　　　$\triangle ABO = \dfrac{1}{2} \times 7 \times 14 = 49 \rightarrow \triangle BDP = 49 - \dfrac{213}{5} = \dfrac{32}{5}$

　　　　P 點 y 座標解聯立可得 $y = \dfrac{14 - a}{5}$，

　　　　$\triangle BDP = \dfrac{1}{2} \times \dfrac{14 - a}{5} \times (14 - a) = \dfrac{32}{5}$

　　　　$\rightarrow a = 6$（22 不合，a 需 < 14）

F. 【答案】 $\dfrac{19}{36}$

　　【解析】 $\begin{vmatrix} a & b \\ b & c \end{vmatrix} = ac - b^2 > 0$

　　　　　　 $P\,(b\ \text{為奇數}) = \dfrac{1}{2}$ ， $P\,(b\ \text{為奇數} \cap ac - b^2 > 0)$

　　　　　　 $= \dfrac{35(b=1) + 19(b=3) + 3(b=5)}{6 \times 36} = \dfrac{19}{72}$

　　　　　　所求條件機率 $\dfrac{\dfrac{19}{72}}{\dfrac{1}{2}} = \dfrac{19}{36}$ 。

G. 【答案】 $\dfrac{4}{3}$

　　【解析】 $\overrightarrow{AP} = \dfrac{1}{3}\overrightarrow{AB} + 2\overrightarrow{AD} + a\overrightarrow{AE} = \dfrac{1}{3}\overrightarrow{AB} + 2\overrightarrow{AD} + a(\overrightarrow{AG} + \overrightarrow{GE})$

　　　　　　 $= \dfrac{1}{3}\overrightarrow{AB} + 2\overrightarrow{AD} + a\overrightarrow{AG} + a(\overrightarrow{GH} + \overrightarrow{HE})$

　　　　　　 $= \dfrac{1}{3}\overrightarrow{AB} + 2\overrightarrow{AD} + a\overrightarrow{AG} + a(-\overrightarrow{AB} - \overrightarrow{AD})$

　　　　　　 $= \left(\dfrac{1}{3} - a\right)\overrightarrow{AB} + (2 - a)\overrightarrow{AD} + a\overrightarrow{AG}$

　　　　　　 $\rightarrow \left(\dfrac{1}{3} - a\right) + (2 - a) + a \rightarrow a = \dfrac{4}{3}$

　　　　（本題利用平面座標的「共線原理」，延伸至空間，
　　　　三點共平面，係數和 = 1）

105 年大學入學學科能力測驗試題 社會考科

單選題（占 144 分）

說明： 第 1 題至第 72 題皆計分。每題有 4 個選項，其中只有一個是正確或最適當的選項，請畫記在答案卡之「選擇題答案區」。各題答對者，得 2 分；答錯、未作答或畫記多於一個選項者，該題以零分計算。

1. 根據報導，某國政府教育部近來發布規定，禁止中學成立同性戀社團，並透過學校向家長宣導，如果家中孩童熱愛穿 V 領上衣，便可能具有同性情慾傾向，應小心多加防範。此規定與宣布受到人權團體批評。請問下述批評何者最可能為人權團體之訴求？
   (A) 該國做法有違兩性平等的原則
   (B) 該國做法限制消費者選擇自由
   (C) 該國做法侵犯家長之親權行使
   (D) 該國做法違反學生之結社自由

2. 某國針對婦女「沒有可自由使用之零用錢」現象進行調查，而所謂可自由使用之零用錢意指家庭必須花費外，婦女可自行決定如何支配之金錢。此項調查結果如表 1：

表 1

年度	全體婦女人口中沒有可自由使用零用錢之比例	有收入婦女中沒有可自由使用零用錢之比例	無收入婦女中沒有可自由使用零用錢之比例
2006	37%	36%	54%
2010	44%	37%	55%

根據以上資料，有關該國社會現況的描述與解釋，下列敘述何者較為合理？

(A) 對照有無收入婦女的相關數據，顯示有收入仍未能確保女性擁有完全經濟自主

(B) 無收入婦女中，沒有可自由使用零用錢的比例高於五成，顯示他們較不善理財

(C) 有收入婦女中，有近四成沒有可自由使用的零用錢，顯示女性有過度消費問題

(D) 全體婦女中沒有可自由使用零用錢的比例呈現上升，乃因愈來愈多婦女掌管家庭經濟

3. 第一次波斯灣戰爭時，曾有美國雜誌報導：伊拉克為貧瘠之地，其歷史中也少有豐富文化與偉大信念。但文化評論者卻指出，伊拉克是兩河文明發源地，土地肥沃物產富饒，此報導之描述，明顯表現美國社會普遍存在對伊拉克的既有刻板印象。請問以下敘述何者最能說明此評論者的觀點？

(A) 媒體報導往往未經查證，向來為人所詬病

(B) 媒體常以我族中心主義觀點詮釋國際事務

(C) 美國軍事強權擴張，阻礙各文化相互涵化

(D) 媒體屬大眾文化，報導往往缺乏深度內涵

4. 根據某項東亞三國的社會調查，中華民國、日本、南韓民眾參加不同社會團體之比例（百分比）如表 2：

表 2   單位：%

國家別 參加團體類型	中華民國	日本	南韓
政治團體	0.4	4.4	5.5
社團（村里）管理委員會	2.4	60.7	26.4
社會服務團體（志工）	4.0	7.6	16.5
宗教團體	9.8	10.3	29.2
校友會	1.3	44.8	47.8
工會	2.9	10.9	7.0
至少參加一個團體的民眾比例	36.7	83.2	76.1

根據表 2，以下敘述何者正確？

(A) 南韓民眾參加校友會的人數，爲三國之中最高

(B) 我國民眾宗教團體參與低，可見宗教自由度低於日韓

(C) 就民眾參與社會團體比例而言，我國的社會資本高於日本

(D) 相對於政治團體，三國民眾皆較樂意於參與社會服務團體

5. 我國某屆立法委員選舉的選票設計如圖 1，關於選票之相關敘述，下列何者正確？

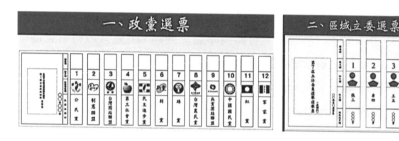

圖 1

(A) 原住民身分選民與其他選民同爲領取圖中區域立委選票

(B) 無法從選票設計看出這是以並立制計算席次的選舉制度

(C) 在政黨選票上，選民可以投兩個政黨，也就是所謂的兩票制

(D) 爲爭取政黨票，各政黨須提出相同數額的不分區候選人名單

6. 我國《地方制度法》對於行政層級的畫分和所轄的次級地方組織，都有詳細的規定。下列有關「桃園市大園區」與「臺東縣池上鄉」之敘述，何者正確？

(A) 前者爲市府派出單位，後者爲地方自治團體

(B) 二者皆爲縣級行政單位所轄的次級地方組織

(C) 前者之首長爲區長，後者之首長爲鄉長，均由選舉產生

(D) 前者設區民代表會，後者設鄉民代表會，二者皆爲立法機關

7. 最近社會大眾討論是否應將我國選舉權的年齡降至年滿十八歲。根據現行法規,如欲修改此項投票年齡門檻,必須透過何種程序始能達成?
   (A) 可直接經由舉辦全國性公民投票決議通過
   (B) 須經由中央選舉委員會決議之後公告實施
   (C) 行政院透過內政部頒布行政命令即可實施
   (D) 須經我國修憲的程序才可將投票年齡降低

8. 兩岸關係一向是我國政治上重要的議題之一,這些年來此問題隨著時間產生了一些變化。有關兩岸關係問題,下列敘述何者正確?
   (A) 兩岸為敵對狀態,故未能簽訂任何經貿協議
   (B) 目前兩岸呈現分治狀態,雙方互不承認主權
   (C) 民國六十年我國退出聯合國後才開始出現兩岸關係問題
   (D) 中國大陸制定《反分裂國家法》後始出現兩岸關係問題

9. 國家應維護人民之人性尊嚴,不得將人民當作達成特定目的之工具。依前所述,國家下列行為,何者已侵害人民之人性尊嚴?
   (A) 為調查犯罪事實及證據而搜索犯罪嫌疑人住處
   (B) 為迅速查明犯罪的主謀而對共犯連夜進行偵訊
   (C) 為預防傳染病擴散而命令疑似感染者在家隔離
   (D) 為維護公共安全社會秩序而禁止人民集會遊行

10. 甲男與丙女是夫妻,乙是甲之弟。甲死亡後,30 歲未婚之乙與丙結婚。下列關於乙丙間婚姻效力之敘述,何者正確?
   (A) 甲死亡後,乙丙無親屬關係,故乙丙之婚姻有效
   (B) 乙與丙輩分相同且親等相近,故乙丙之婚姻無效
   (C) 丙為乙之兄嫂,二人結婚有違倫常,故婚姻無效
   (D) 乙丙未違反近親不得結婚的規定,婚姻合法有效

11. 憲法保障人民有請願、訴願及訴訟之基本權利。下列有關人民依
　　法得提起權利救濟的方式，何者正確？
　　(A) 不服市政府違建拆除大隊拆除自家違建，得向法院提出請願
　　(B) 向縣政府申請低收入戶補助遭駁回，得直接向法院提起訴訟
　　(C) 不服交通裁決單位所作裁決，得向地方法院行政訴訟庭提起
　　　　訴訟
　　(D) 主張《公民投票法》之規定不合理，得向中央主管機關提起
　　　　訴願

12. 公務員甲涉嫌收受賄款，由檢察官乙進行偵查。下列何者，屬於
　　檢察官乙後續依法可行使之權限？
　　(A) 立即帶領警察進入甲之辦公室及住宅，進行搜索
　　(B) 如認定甲之行為並不構成犯罪，作成緩起訴處分
　　(C) 偵查後認為甲之犯罪嫌疑重大，向法院聲請羈押
　　(D) 代表國家向法院提起自訴，並且負擔起舉證責任

13. 甲公司因涉嫌使用不合法原料生產食品，經檢察官向法院起訴，
　　法院認為相關事證無法證明甲公司違法，判決甲公司無罪確定。
　　消費者乙對於此判決結果不滿，欲採取其他行動以達到制裁甲公
　　司的效果。關於此判決及乙可能採取之行動，下列敘述何者正確？
　　(A) 法院依據罪疑唯輕原則判決甲公司無罪，是法律保留原則的
　　　　表現
　　(B) 如行政機關接到乙之檢舉，應依據信賴保護原則而不處罰甲
　　　　公司
　　(C) 乙主張健康受損，依《公平交易法》向甲求償，但應證明其
　　　　故意
　　(D) 如乙提起民事訴訟求償，訴訟中與甲和解，可聲請法院強制
　　　　執行

14. 原油耗盡的能源危機是現代社會的重大問題,但是有經濟學家認為,依據經濟學的法則,原油不會用完,無需過於擔心。請問下列何種理由最適合解釋此一論點?
    (A) 開採技術進步,未來原油供給遠大於需求,供給數量有增無減
    (B) 價格愈來愈高,供過於求使原油有所剩餘,而剩餘將持續增加
    (C) 替代能源愈來愈多,導致原油價格下跌,需求數量進一步減少
    (D) 原油若因數量稀少而變得愈來愈貴,市場需求數量自然會減少

15. 過去 30 年間,許多因素造成我國政府各種項目的收入有所增減。下列敘述何者正確?
    (A) 受全球化影響,我國出口大幅衰退,關稅逐年減少
    (B) 雖然歷經幾次景氣循環,但消費稅的收入不受影響
    (C) 雖經民營化浪潮,公營事業收入仍為歲入重要來源
    (D) 由於人口老化的關係,汽機車牌照稅收入大幅下跌

16. 大量抽取地下水養殖水產或做為工業用途,可能造成地層下陷,此現象與「地下水」的財貨屬性有關。關於地下水,下列敘述何者正確?
    (A) 地下水屬於公共財,理應由政府統一管制分配
    (B) 地下水具排他性,其價格必須反應市場的需求
    (C) 地下水的財產權不明確,易形成共有財的悲歌
    (D) 地下水為私有財,因上方之土地財產權很明確

17. 臺灣曾經是鞋子王國,現在則是資訊產品王國。下列何者可以說明此種轉變?
    (A) 鞋子的機會成本降低,資訊產品的比較利益增加
    (B) 鞋子的機會成本增加,資訊產品的比較利益下降
    (C) 鞋子的比較利益降低,資訊產品的機會成本下降
    (D) 鞋子的比較利益增加,資訊產品的機會成本增加

18-19 為題組

◎ 某國醫院及診所主要由民間經營，再由政府進行價格管制。該國政
　府為避免一般民眾因醫療服務昂貴而怯於就醫，將醫療價格抑制在
　市場均衡價格的三分之一。這樣的政策照顧到人們的醫療需求，並
　提升國民健康，但也造成正反兩面的後果。雖說民眾對現有政策堪
　稱滿意，但政府為了解決部分問題，計畫將價格上調到均衡價格的
　二分之一，此舉引來民眾的不滿，而醫療產業也有意見。

18. 下列敘述何者最可能是抑制醫療價格所導致的正面或負面效果？
　　(A) 醫療價格雖然受到抑制，但許多民眾仍無法負擔醫藥費
　　(B) 醫療價格太低，醫院診所可能倒閉，民眾就醫選擇減少
　　(C) 醫療價格雖低，但科技進步還是會使醫療服務供過於求
　　(D) 價格低需求量大，醫師職業更顯重要，吸引更多從業者

19. 政府計畫將醫療價格提高，引發各方不滿，最有可能的原因為何？
　　(A) 雖然醫療價格提高了，但民眾認為新政策愈加違反使用者付
　　　　費精神
　　(B) 雖然醫療的市場效率提高，但也引發不利於經濟弱勢者就醫
　　　　的擔憂
　　(C) 新政策提高醫療價格，將使更多醫療院所加入競爭，醫療品
　　　　質堪慮
　　(D) 新政策只利於舊有的醫療院所，不利於新加入的醫療院所及
　　　　就醫者

20-22 為題組

◎ 所謂「農產品產銷履歷制度」有兩項特色：首先、必須確保產品
　產銷過程都要符合法定或自訂的規範；其次、消費者也可回溯生
　產過程，選擇自己信任或喜好生產者的產品。此制度需要獨立公
　正的驗證機構保證其可信賴度。另外，獲得履歷登記證明的產品，

因為產銷過程力求符合環保生態要求，因此不僅成本較高，產品選擇也較少，但相對而言，生產者與消費者卻也都能獲得較多保障，不僅能提升生產者的產品形象，不受黑心商品牽連，也減少環境破壞與產品不安全風險。

20. 依上所述，此驗證制度主要是為了實現下列何項公共利益？
    (A) 避免農民被中盤經銷商所剝削
    (B) 協助生產者提升農業生產技術
    (C) 促進農業生產經營的永續發展
    (D) 提升農業主管機關的行政效率

21. 如無其他特別誘因，當產品相近時，市場經濟制度下的消費者會選擇價格較便宜者。若上述履歷制度順利運作，則符合下列何者關於公共利益之敘述？
    (A) 提高交易成本增加公共利益
    (B) 降低生產成本增加公共利益
    (C) 個人利益和公共利益可同步增進
    (D) 公共利益為公共財效益的極大化

22. 農產品產銷履歷制度涉及產銷生產者與消費者之權益，驗證機構證明農產品符合相關規範要求，且驗證機構須經政府認證符合資格。下列敘述，何者正確？
    (A) 如強制農產品應通過產銷履歷驗證，已限制產銷生產者隱私權
    (B) 產銷履歷制度雖公開農產品資訊，但不適用政府資訊公開的規定
    (C) 驗證機構並非行政機關，驗證行為不須受誠實信用原則之拘束
    (D) 農產品產銷履歷制度應符合行政機關依職權自行訂定之法規命令

23-24 為題組

◎ 1776 年美國的《獨立宣言》是西方民主理論演進歷史上的重要文獻。在其〈前言〉中有以下一段文字：

「……我們認為下面這些真理是不言而喻的：造物者創造了平等的個人，並賦予他們若干不可剝奪的權利，其中包括生命權、自由權和追求幸福的權利。為了保障這些權利，人們才在他們之間建立政府，而政府之正當權力，則來自被統治者的同意。任何形式的政府，只要破壞上述目的，人民就有權利改變或廢除它，並建立新政府；新政府賴以奠基的原則，得以組織權力的方式，都要最大可能地增進民眾的安全和幸福……」

23. 有關上文中涉及的民主政治思想，以下何者正確？
   (A) 這是西方天賦人權觀念的起始
   (B) 民主政體須經由革命才能產生
   (C) 如果政府任意沒收人民財產，人民可以抗爭或要求改革
   (D) 政府權力若來自被統治者的同意，就可以保障人民幸福

24. 下列哪個關於民主政治的概念並未出現在前述宣言的描述？
   (A) 被治者同意權　　　　　　(B) 政府的正當性
   (C) 反抗統治者權　　　　　　(D) 多數統治原則

25. 一位德國人旅行某地時，寫下：「這裡有奇妙的園林、寶塔、大理石橋，一切都接近盡善盡美，世界沒有任何地方可以與之相比。但是數千個英國人能在七天內將之徹底毀壞。」這位德國人描述的最可能是：
   (A) 1840 年英軍攻打舟山群島　(B) 1860 年英、法劫掠圓明園
   (C) 1863 年，英艦炮轟鹿兒島　(D) 1868 年，英軍攻擊安平港

26. 一幅畫作描繪某地羊毛市集的景象：各地來的商人熙來攘往，好不熱鬧，主教在廣場上為市民祝福，羊毛商人把貨品陳列攤位上，供人選購，還有幾個攤位專門提供兌換貨幣的服務。這種景象最早可能出現於：
    (A) 一世紀的雅典　　　　　　　(B) 四世紀的羅馬
    (C) 十二世紀米蘭　　　　　　　(D) 十六世紀巴黎

27. 歷史記載：「金娘，下淡水番婦，習符咒，為人治病。大軍攻鳳山時，聘請她為軍師。臨陣作戰時，要她唸符咒，祈求神佑。」後來大軍攻破鳳山城，大家都說金娘立了大功，被封為「一品柱國夫人」。金娘後遭生擒，送往北京。金娘參與的是：
    (A) 鄭成功抗清　　　　　　　　(B) 林爽文事件
    (C) 乙未抗日軍　　　　　　　　(D) 二二八事件

28. 某國一位國會議員批評某次軍事行動，認為當初遠東軍司令部表示：只要派幾艘軍艦在海面行駛，中國就會退兵。現在我們派了這麼多軍艦前往中國，也不見中國退兵。司令部還說，如果能佔領臺灣，中國必定派人求和，現在我們也攻打臺灣，還沒有聽說中國有求和的意思。這場戰爭的軍費，就讓遠東軍自行負擔，國會不應當為這次軍事行動付錢。該國會議員所提的軍事行動是：
    (A) 1840 年鴉片戰爭　　　　　　(B) 1856 年英法聯軍
    (C) 1874 年牡丹社事件　　　　　(D) 1884 年中法戰爭

29. 立法者制定某一法典時，主張根據個人主義精神與自由平等觀念，強調尊重所有權與契約自由，對過失責任也詳加規範，甚至保障原本因為宗教因素而受迫害的猶太人。這部法典最可能是：
    (A) 漢摩拉比法典　　　　　　　(B) 大憲章
    (C) 權利法案　　　　　　　　　(D) 拿破崙法典

30. 某場戰爭結束後，歐洲大部分國家因幣制崩潰，欠缺貨幣可供使用。在德國，香菸是公認的交易媒介，一位教師的月薪等於五包香菸。匈牙利通貨膨脹嚴重，貨幣面值高達一億（圖 2），難於進行正常交易。此外，大部分的歐洲國家稅收付之闕如，無錢購買糧食，餵飽居民；也無法購買原料與機器，經濟復甦相當緩慢。這種情況最可能發生於：

圖 2

(A) 1815 年，拿破崙戰爭後
(B) 1872 年，德法戰爭之後
(C) 1919 年，第一次大戰後
(D) 1946 年，第二次大戰後

31. 清朝末年，一位外交官員前往某國參觀該國閱兵，回北京後報告：這個國家改變制度，「擇（他國）長（處）爲師，悉命人譯。飛砲霹靂，軍容強盛。有輕氣球，凌風千尺。」他有感而發，希望兩國能和平相處，「玉帛相見，互相輔弼」。這位外交官員參訪的國家最可能是：
(A) 德國　　　(B) 日本　　　(C) 英國　　　(D) 土耳其

32. 某次，中國政府派兵前往國外，全軍包括軍官與士兵等，共約 28000 人，並設置醫官、醫士、通譯、買辦等職官。拜訪了 30 多個國家和地區，途中曾與某國發生衝突，指揮官帶領官兵破城，生擒該國國王及家屬，送回京師。這是：
(A) 漢代，張騫出使西域　　　(B) 宋代，富弼出使漠南
(C) 明代，鄭和出使南洋　　　(D) 民國，國軍前往滇緬

33. 某書提到：「此物」自十六世紀引入歐洲後，廣爲流傳。1604 年，英王指出：此物「惡臭難聞，有礙觀瞻，更傷害腦部」，爲避免其

進口，特別提高關稅。明中葉以後，中國也自呂宋引進，開始於閩粵地區種植。1637年，明朝政府針對此物下令，如有私種私售者，擬斬首示眾。兵部尚書卻上奏說「遼東士卒，嗜此若命」，建議暫緩施行。「此物」是：

(A) 菸草   (B) 鴉片   (C) 咖啡   (D) 胡椒

34. 民國50年代，中華民國政府開始推動「外交下鄉，農業出洋」的國際合作計畫，邀請非洲友邦領袖來臺參訪農村，也派出農業專家與援外技術團隊到非洲。這個計畫的主要目的是：

(A) 爭取非洲國家支持中華民國在聯合國的席位

(B) 開發當地天然資源，供應中華民國所需原料

(C) 輸出民主制度，促進非洲當地政治的現代化

(D) 推廣中華民國成功經驗，體現儒家學說價值

35. 某人回憶：長崎「現在」滿街都是洋文招牌，但當我數十年前初到此求學時，才第一次見到ABC。求學期間，我認識一位來自薩摩藩的醫生，奉其藩主之命，遠從鹿兒島前來長崎，學習荷蘭醫學。還說：當時如果想學習炮術，只能閱讀荷蘭文的書籍。此人所說的「現在」最可能是：

(A) 1590年代，豐臣秀吉統一日本時

(B) 1630年代，日本頒布鎖國令之前

(C) 1860年代，美國海軍進入日本後

(D) 1940年代，日本戰敗宣布投降後

36. 一座教堂，原本建築在羅馬神廟的遺址上，八世紀時，改建成清真寺；十三世紀時，又改為羅馬教會的主教座堂；十六世紀時，重新修建。這座教堂因經歷不同的歷史發展，被聯合國列為世界遺產。這座教堂最可能位在：

(A) 巴爾幹半島　　　　　　(B) 猶加敦半島

(C) 阿拉伯半島　　　　　　(D) 伊比利半島

37. 閱讀以下兩段資料：

資料一、當時，最普遍的工作就是家庭幫傭，幾十萬名婦女從事
　　　　這種工作；也有許多婦女在紡織工廠做工，最糟糕的是
　　　　許多婦女必須從事苦力活，按件計酬，沒有保障。

資料二、我原本在人家中幫傭，每天從上午 6 點做到晚上 9 點，
　　　　極為厭惡這種工作。後來一家軍火工廠招工，我前往應
　　　　徵，負責製作彈藥引信，一天工作 12 個小時，薪水是
　　　　原本薪水的兩倍半。

這兩段資料最適當的主題是：

(A) 南北戰爭期間的黑人婦女勞工

(B) 拿破崙法典實施後的婦女勞動

(C) 一次世界大戰前後的婦女就業

(D) 東歐地區社會主義與婦女問題

38. 臺灣總督府發布命令，強制收購輸出的蓬萊米，收購價格比市場
價格低一、二成左右，但又高於島內主要消費米的在來米價。這
道命令的主要目的是：

(A) 維護臺灣人食用在來米的文化傳統

(B) 官方訂定價格，維護臺灣農民權益

(C) 增加稻米輸出，確保總督府的收入

(D) 管控輸往日本的稻米數量以及價格

39. 一位美國總統改變原有的外交策略，親自訪問某國，結束韓戰以
來雙方隔離的狀態，以緩和兩國之間的緊張關係。此舉不僅影響
了亞洲，甚至是世界的局勢。這是：

(A) 艾森豪訪問臺北　　　　　(B) 尼克森訪問北京

(C) 卡特訪問東京　　　　　　(D) 柯林頓訪問莫斯科

40. 兩派人討論施政方向，有人認為：殷代的盤庚住茅屋，舜故意把黃金藏起來，漢高祖也禁止商賈當官，就是要遏止貪鄙之俗。也有人表示：各地設置運輸官員，方便運送貨品，可以賤買貴賣，平抑物價，都是便民的作法，有何不好？這兩派人討論的情況最可能是：

(A) 漢代的經濟措施　　　　　(B) 宋代的商業稅收

(C) 明代的海外貿易　　　　　(D) 清代的自強新政

41. 兩個鮮卑大臣議論國政時發生爭執，一人口操漢語，引用儒家理念發表議論，另一人責罵他為「漢兒」。這個現象最早可能發生在：

(A) 北朝後期，實施漢化改革政策後

(B) 隋、唐前期，種族融合形成之後

(C) 五代十國，契丹南下打草穀之時

(D) 北宋初年，北亞民族南下中原時

42. 某一時期中，有些人擁有「特殊身分」，他們雖不能任官，卻可免除徭役，不被胥吏侵擾；他們與士人相同，可以用官禮參見官員，也可免於笞打等刑罰。因此，人們讀書不一定要求取官職，倒是希望獲得「身分」，可以保障身家。這種「身分」是指：

(A) 漢代的孝廉　　　　　　　(B) 唐代的明經

(C) 宋代的禁軍　　　　　　　(D) 明代的生員

43. 明末清初的西洋傳教士在中國傳教，往往必須借助於傳教以外的學識，才能受到朝廷的重視。如耶穌會教士南懷仁因擁有西方學

問技藝而擔任許多職務，除為大家所熟知的欽天監外，他最可能
還在哪個政府部門任職？

(A) 吏部　　　　(B) 戶部　　　　(C) 禮部　　　　(D) 工部

44. 一個經濟發展程度較高的國家常會利用各種手段，將其鄰近地區
的經濟生產內容導引至為其提供廉價原料和勞動力的方向。以下
在 1930 年代發生的幾個事件中，何者最足以說明這種經濟發展
模式？

(A) 臺灣總督府推動臺灣工業化，建立工業

(B) 甘地反對食鹽公賣制度，號召自行曬鹽

(C) 中國與列強交涉，關稅自主，裁撤釐金

(D) 羅斯福推動新政，發展公共事業及農業

45. 一般而言，冬季時登革熱疫情會逐漸消聲匿跡，但 2015 年 11-12
月間，臺灣南部地區卻仍時有病例發生。公共衛生學者提醒：到
2016 年 1 月間，南部地區的民眾，仍不可對登革熱掉以輕心。
2015 年 11 月至 2016 年 1 月，臺灣南部地區登革熱疫情緩和情況
不如往年的原因，和下列何者關係最密切？

(A) 霧霾襲臺頻繁　　　　　　(B) 降水強度增加

(C) 聖嬰現象顯著　　　　　　(D) 颱風次數減少

46. 英國報紙報導：「1952 年 12 月 5 日至 9 日，一連幾天空氣幾乎靜
止不動。從家庭和工廠排出的煙塵，消散不去且愈積愈多，形成
毒霧。在這期間，整個倫敦地區有 400 多人死亡，毒霧消散後的
兩個月，陸續仍有 8,000 多人死亡。」引發該事件的原因，最可
能和當時倫敦地區出現下列哪個天氣現象有關？

(A) 鋒面滯留　　　　　　　　(B) 寒流侵襲

(C) 氣旋過境　　　　　　　　(D) 高壓籠罩

47. 圖 3 爲某便利商店評估其擇
    址區位的地理資訊系統分析
    結果圖。該圖的分析指標最
    可能是便利商店哪種經營條
    件？

    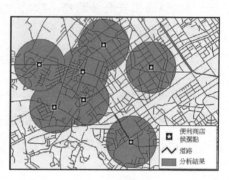

    圖 3

    (A) 400 公尺範圍內的商店
        服務圈
    (B) 店面樓地板面積在
        20-40 坪之間
    (C) 300 公尺內同業商店的數量與分布
    (D) 位址在三角窗或三角窗隔壁 1 至 2 間

48. 臺灣有許多聚落的名稱，係以當地地形特徵作爲命名依據。其中
    以「崙」命名的聚落，在下列哪一地形區最普遍？
    (A) 花東縱谷   (B) 桃園台地
    (C) 埔里盆地   (D) 濁水溪沖積扇

49. 圖 4 爲某四個臨海都市的氣候圖，假設四都市皆有一高度相同的
    尖塔。在 12 月 22 日正午 12：00 時，四都市上空皆萬里無雲，
    則哪個都市的尖塔陰影最長且朝向正北？

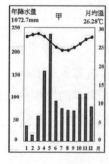 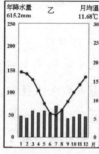 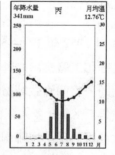 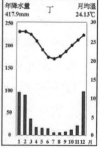

圖 4

(A) 甲   (B) 乙   (C) 丙   (D) 丁

50. 跨太平洋夥伴協定（The Trans-Pacific Partnership, TPP）共有美國、新加坡、韓國、日本、越南、馬來西亞、汶萊、紐西蘭、澳洲、加拿大、墨西哥、祕魯等 12 個成員國，目前臺灣正積極準備爭取加入。TPP 的成員國中，以哪個文化區的國家為數最多？
(A) 南亞文化區　　　　　　(B) 西方文化區
(C) 東南亞文化區　　　　　(D) 大洋洲文化區

51. 西元八、九世紀開始，阿拉伯人在東非肯亞（Kenya）、坦尚尼亞（Tanzania）等沿海建立許多販奴據點，透過不同季節的盛行風向，將買來的奴隸利用帆船運到阿拉伯半島和南亞諸國販售。
「不同季節的盛行風向」的成因，和下列哪二項因素關係最密切？
甲、行星風帶的季節移動；
乙、洋流系統的季節變化；
丙、大範圍海陸性質的差異；
丁、聖嬰和反聖嬰現象的交替。
(A) 甲乙　　　　(B) 甲丙　　　　(C) 乙丁　　　　(D) 丙丁

52. 表 3 為 2014 年臺北市中正區、彰化縣彰化市、雲林縣四湖鄉、南投縣埔里鎮 4 個行政區便利商店的數量分布。南投縣埔里鎮為表 3 中的哪個行政區？

表 3

	甲	乙	丙	丁
便利商店總數（家）	82	135	2	46

(A) 甲　　　　(B) 乙　　　　(C) 丙　　　　(D) 丁

53. 照片 1 是臺灣某座橋樑
    上的標誌。該照片的拍
    攝地點,最可能位於下
    列哪條河川的流域?

    (A) 大甲溪
    (B) 濁水溪
    (C) 高屏溪
    (D) 秀姑巒溪

照片 1

54-56 為題組

◎ 圖 5 是某種農業活動的作物,從農場生產到外銷國外的運輸流程;
圖 6 是四種農業活動的農業系統示意圖。請問:

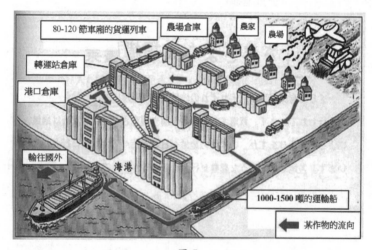

圖 5

54. 根據圖 5 中右上方所示的耕作方式,該種農業活動最可能具有下
    列何種特徵?

    (A) 生產集約程度高   (B) 農牧業混合經營
    (C) 產地先行部分加工   (D) 單位勞動力產量高

55. 圖 6 中哪個農業系統示意
圖，最能夠代表圖 5 所示
的農業活動？
(A) 甲　　　　(B) 乙
(C) 丙　　　　(D) 丁

56. 圖 5 所示的農業活動，在
下列哪個自然景觀帶最為
盛行？
(A) 熱帶雨林景觀帶
(B) 熱帶莽原景觀帶
(C) 溫帶草原景觀帶
(D) 溫帶灌木林景觀帶

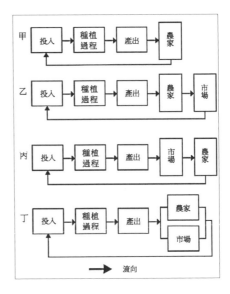

圖 6

57-59 為題組

◎ 表 4 是 2014 年巴西舉辦足球世界盃 32 強的分組名單，請問：

表 4

2014 年世界盃足球賽 32 強分組名單			
A 組	B 組	C 組	D 組
巴西	西班牙	哥倫比亞	烏拉圭
克羅埃西亞	荷蘭	希臘	哥斯大黎加
墨西哥	智利	象牙海岸	英格蘭
喀麥隆	澳大利亞	日本	義大利
E 組	F 組	G 組	H 組
瑞士	阿根廷	德國	比利時
厄瓜多	波士尼亞—赫塞哥維納	葡萄牙	阿爾及利亞
法國	伊朗	迦納	俄羅斯
宏都拉斯	奈及利亞	美國	南韓

57. 世界只有少數國家盛產石油並可輸出餘油。表4的國家分組名單中，哪兩組加起來的石油輸出國數量最多？
(A) A組、B組
(B) C組、E組
(C) D組、G組
(D) F組、H組

58. 2014年世界盃足球賽32強中，下列哪個國際組織的球隊數量最多？
(A) 歐洲聯盟（EU）
(B) 非洲聯盟（AU）
(C) 亞太經合會（APEC）
(D) 南美洲國家聯盟（UNASUR）

59. 2014年世界盃足球賽32強中，使用下列哪種語言作為官方語言最為普遍？
(A) 英語
(B) 法語
(C) 西班牙語
(D) 葡萄牙語

60-61為題組

◎ 圖7為某地的衛星影像圖，戊地北方的深色部份為湖泊。
請問：

60. 圖7中戊地北方的湖泊，其成因最可能為何？
(A) 火山噴發形成的火口湖
(B) 板塊張裂形成的構造湖
(C) 冰河侵蝕形成的冰蝕湖
(D) 河岸崩塌阻塞的堰塞湖

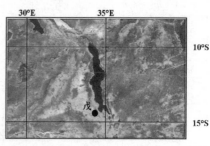

圖7

61. 農業是圖 7 中湖泊西側居民的主要經濟活動。下列哪組農作物在
該地區最為普遍？

  (A) 小麥、葡萄、橄欖　　　　(B) 菸草、甘蔗、棉花

  (C) 燕麥、樹薯、柑橘　　　　(D) 稻米、黃豆、櫻桃

62-64 為題組

◎ 表 5 為臺灣某年度四個氣象測站的降水（單位：mm）與氣溫（單
位：℃）日變化資料。請問：

表 5

天氣\日期		5/15	5/16	5/17	5/18	5/19	5/20	5/21	5/22	5/23	5/24
臺北	降雨	32.5	1.5	0.0	1.0	11.0	171.5	242.0	6.0	2.5	0.5
	氣溫	26.1	24.1	27.6	28.2	26.2	24.7	19.4	23.5	24.8	27.3
臺中	降雨	220.4	16.3	0.0	39.1	99.0	67.2	52.0	0.4	8.6	0.0
	氣溫	26.4	26.6	27.8	26.1	24.6	25.0	24.5	26.3	25.7	27.4
恆春	降雨	0.0	0.0	0.0	0.0	2.5	3.0	3.0	0.0	0.0	0.0
	氣溫	28.7	28.9	28.8	29.2	28.	28.0	26.2	28.2	27.3	29.4
臺東	降雨	0.0	0.8	0.0	0.1	3.9	5.8	1.7	0.0	0.0	0.0
	氣溫	30.6	26.2	28.3	28.1	27.4	26.9	25.2	26.8	27.1	27.8

62. 根據表 5 的降水及氣溫資料，臺灣在該年 5 月 15 日至 24 日期
間，最可能出現何種天氣現象？

  (A) 鋒面滯留　　　　　　　(B) 寒流過境

  (C) 颱風來襲　　　　　　　(D) 熱對流旺盛

63. 依照 5 月 18 日至 24 日的日降水量與日均溫變化趨勢，5 月 24 日
降雨的中心區域最可能移動至哪個地區？

  (A) 南海　　　(B) 東海　　　(C) 菲律賓海　　　(D) 巴士海峽

64. 根據表5的資料判斷，臺灣在該年5月15日至24日期間，下列何日的西南季風最為強勁？

    (A) 5月15日   (B) 5月18日

    (C) 5月20日   (D) 5月24日

65-66 為題組

◎ 1492年，哥倫布率領3艘帆船從西班牙帕洛斯港（37° N，6° W）出海，經加那利群島（28° N，16° W）向西橫渡大西洋，於10月12日登陸美洲，陸續繞經附近地區，完成首航。一行人於1493年啟程返航，此後陸續有人前往美洲，帶回許多新物種，並傳播到各地，促成「物種大交換」。請問：

65. 哥倫布於出發前，表示可以帶回下列甚麼物品，才說服西班牙王室出資？

    (A) 美洲白銀   (B) 印度香料

    (C) 玉米花生   (D) 南亞蔗糖

66. 哥倫布首航美洲的海上探險，其航路的選擇和哪二項因素的關係最密切？

    甲、大圓航線；乙、洋流系統；丙、季風交替；丁、宗教信仰；戊、行星風帶。

    (A) 甲丙   (B) 乙丁   (C) 乙戊   (D) 丙丁

67-68 為題組

◎ 某一時期，朝廷重視海路互市，開放沿海地區，以便與阿拉伯半島的大食、印度半島的注輦（Chola）、東南亞的蘇門答臘、爪哇、

占城等地貿易，商人甚至遠從麥加前來。政府因此在廣州、泉州、杭州、明州、密州等港口設市舶司，發給貿易執照，征收貨物稅。請問：

67. 政府設立機構管理海上貿易活動，最早始於何時？
    (A) 唐代　　　　(B) 宋代　　　　(C) 元代　　　　(D) 明代

68. 引文所述的海上貿易活動，與下列哪個南洋群島的現象關係最密切？
    (A) 都市化的勃興　　　　　　(B) 人口轉型的出現
    (C) 伊斯蘭教的傳播　　　　　(D) 殖民地式經濟的建立

69-70 為題組

◎ 某殖民國家在殖民地推行「強迫種植制度」，農民被迫將良田種植咖啡、甘蔗、茶、菸草、胡椒等經濟作物，並規定：總耕地面積至少要有五分之一種植經濟作物。殖民政府將收穫全部運往歐洲銷售，賺取巨大財富。直到二十世紀中期，這個殖民地經由武裝抗爭才取得獨立。請問：

69. 這種「強迫種植制度」最可能是甚麼時候，在哪個地區的殖民地推行？
    (A) 十六世紀北非　　　　　　(B) 十七世紀北美
    (C) 十八世紀中南美　　　　　(D) 十九世紀東南亞

70. 該殖民地獨立後，具有下列哪項區域特色？
    (A) 居民的宗教信仰種類繁多
    (B) 國家經濟泡沫化日趨嚴重
    (C) 伊波拉病毒感染頻繁爆發
    (D) 人口成長進入低穩定階段

71-72 為題組

◎ 某一國家，宗教色彩相當濃厚，居民除 80% 左右信奉該國的主流宗教外，其餘 20% 則各有不同的信仰，宗教類別與內涵相當豐富多樣。居民使用的語言也很複雜，該國憲法除規定 2 種全國通用的語言外，還認可 15 種以上的官方語言。全國有 60% 左右的人口務農，將近半數的人口生活於聯合國訂定的貧窮線之下。2014 年該國人類發展程度指標（HDI）只有 0.609，世界排名第 130。
請問：

71. 該國具有下列哪二項特質？甲、世界古文明的發源地之一；乙、猶太教和伊斯蘭教的發源地；丙、1858-1947 年間曾受英國殖民統治；丁、葡萄牙引進黑奴在該國發展熱帶栽培業；戊、生產的白銀曾於明朝中葉以後大量流入中國。
    (A) 甲丙
    (B) 甲戊
    (C) 乙丁
    (D) 丙戊

72. 該國「2014 年人類發展程度指標（HDI）只有 0.609，世界排名第 130。」和下列哪二項因素關係最密切？甲、都市化程度低；乙、國民平均預期壽命短；丙、國內生產毛額（GDP）低；丁、國民平均受學校教育年數短。
    (A) 甲乙
    (B) 甲丙
    (C) 乙丁
    (D) 丙丁

105年度學科能力測驗社會科試題詳解

單選題

1. D

　【解析】 題末詢問「最」可能是人權團體之訴求,四個選項皆可
　　　　　被人權團體批評,但細看仍有輕重緩急之分。

　　　　　(B) (C) 向家長宣導刻板印象,並無直接侵犯家長親權行
　　　　　　　　使和限制消費選擇,最不急迫。

　　　　　(A) 乍看是針對社團之性向而禁止,但非違反「兩性」
　　　　　　　平等原則,而是違反尊重「多元性別」價值,且屬
　　　　　　　價值觀念上的歧視和壓迫手段。

　　　　　(D) 禁止中學成立社團,明顯違反禁止集會結社之自由。
　　　　　　　屬《憲法》直接保障之權益,應優位於 (A)。

2. A

　【解析】 (A) 對照有無收入婦女的相關數據,顯示即使有收入也不
　　　　　　　能確保女性擁有完全經濟自主,正確。

　　　　　(B) (C) 不善理財和過度消費問題,都與無法從本題中直
　　　　　　　　接推導出來,故錯。

　　　　　(D) 對照有、無收入婦女比例,並無隨之顯著攀升,只表
　　　　　　　示婦女因不景氣而投入就業。

3. B

　【解析】 本題欲知最能說明其所描述的刻板印象的觀點,描述顯
　　　　　示當時美國媒體對伊拉克的偏差認知,頗符合我族中心
　　　　　主義的定義,故選 (B)。

4. **D**

【解析】 (A) 南韓人口約五千萬人，日本約 1.2 億人，雖南韓校友會比例最高，但人數也應低於日本。

(B) 我國也與日本參與宗教團體比例接近，且參與比例與自由度無關。

(C) 我國至少參加一個團體的比例相對偏低，故社會資本應低於其他兩國。

5. **B**

【解析】 (A) 根據《原住民身份法》其選民依身分領取一張山地原住民立委或平地原住民立委的選票。

(B) 混合投票制有聯立制和並立制兩種，可由計票的方式區分，但無法直接從選票設計上看出。

(C) 政黨票只能蓋一個章，蓋兩個章形同廢票。

(D) 並無規定各黨提名的不分區候選人人數。

6. **A**

【解析】 原桃園縣已升級成直轄市，所以「桃園市大園區」為直轄市的派出單位，非地方自治團體，未設區民代表會；其首長為區長，由市長指派，非選舉產生；而「臺東縣池上鄉」則為縣級行政單位所轄的次級地方自治團體，故只有 (A) 正確。

7. **D**

【解析】 《憲法》明訂：「年滿 20 歲者，有依法選舉之權。」故須先修憲，始能降低選舉權之年齡，選 (D)。

8. **B**

【解析】 (A) 兩岸曾簽署「兩岸經濟合作架構協議（ECFA）」。

(C) 自從 1949 年國共內戰戰敗後撤退來台至今，即有兩岸關係問題。

(D) 中華人民共和國遲至 2005 年才制定《反分裂國家法》，明顯晚於既存已久的兩岸關係問題。

9. **B**

【解析】 依題旨「不得將人民當作達成特定目的之工具」之敘述，為 (B) 違反最明顯，若 (A) 依程序聲請搜索票則得以進行，(C) (D) 皆符合《憲法》第 23 條「避免緊急危難」之情形，唯須遵循相關專法來加以限制。

10. **D**

【解析】 (A) 甲死亡後，乙丙仍有姻親關係。

(B) 旁系血親且輩分相同，不受不得結婚之限制。

(C) 倫常亦可接受鰥夫喪偶後另娶亡妻姊妹，不正確。

(D) 雖是旁系姻親且為二親等，但輩分相同則不受此限，故婚姻合法有效。

11. **C**

【解析】 (A) 請願該向所屬民意機關或主管機關提起，而非法院。

(B) 須先先向原主管機關或其上級機關提起訴願。

(D) 訴願是針對行政機關施政侵害人民權益，《公民投票法》為法律層級，依題意應向立法機關請願。

12. **C**

【解析】 (A) 須向法院聲請搜索票並按程序進行。

(B) 若不構成犯罪則不會被起訴，更不會有緩起訴處分。

(D) 自訴是被害人自為原告提起訴訟，而代表國家應是由檢察官提起公訴。

13. **D**

【解析】 (A) 法院認為尚無決定性事證證明甲公司違法，故依據「罪疑唯輕原則」判無罪，是「無罪推定原則」的落實展現，此舉與「法律保留原則」無關。

(B) 行政機關若於後續接獲檢舉，則和前述之司法判決無關，應依行政程序重新稽查再行處罰，或另提出訴訟，與「信賴保護原則」無關。

(C) 依據的法源錯誤，乙應以《食品安全法》或《消費者保護法》等向甲公司求償，而非規範聯合或壟斷行為《公平交易法》。

(D) 訴訟中和解經公證後，效力視同確定判決，可聲請強制執行。

14. **D**

【解析】 (A)(B) 資源有限，就算因經濟學法則而有剩餘，也不可能無限增加，且題目並無提及替代能源及其影響，故不選 (C) 而根據供需法則來推斷，則 (D) 正確。

15. **C**

【解析】 (A) 除非有簽訂優惠關稅的合作協定，否則若全球化使得進出口成長，關稅亦增。

(B) 消費稅收與景氣高度連動，隨環境走勢起伏。

(C) 雖因公營事業民營化使其收入逐年下降，但 2013 年仍占歲入總額 15% 位居第二。

(D) 人口老化與汽機車牌照稅之多寡並無正相關。

16. **C**

【解析】 地下水較類準公共財，其補注與抽取皆不受土地所有權的限制，難以由政府統一分配管理，也不具有明顯排他性，更難產生統一的市場價格，故不選 (A) (B) (D)，因大多抽取地下水的使用者只顧獨身利益，所以容易形成共有財的悲歌，擇 (C)。

17. **C**

【解析】 今日在臺灣製鞋產業的成本提升，造成比較利益不如在其他製造國家，同時也拉低了臺灣的資訊產業的機會成本。

18-19 為題組

18. **B**

【解析】 (A) 原已低於市場均衡價格三分之一，只有少數民眾無法負擔，並非「許多」。

(C) 題幹並無科技進步之敘述，更何況就算科技進步，也不會造成供過於求的狀況。

(D) 此為典型薄利多銷，較適合低技術門檻的其他產業，例如傳產、製造業等。

19. **B**

【解析】 (A) 價格提高意味著把成本分攤在民眾身上，符合使用者付費原則。

(C) 若形成競爭，勢必提高品質維持競爭力，而非降低。

(D) 若符合經濟學法則，自由競爭的市場不會特別對舊有品牌較有優勢，而是依據其所提供醫療服務來做選擇。

<u>20-22 為題組</u>

20. **C**

【解析】 題目提及實現公共利益，以 (C) 永續發展最為吻合。

(A)(B) 避免剝削和提升技術都可採取其他手段，例如媒合產地與零售端，或進行技術指導，而非透過「農產品產銷履歷制度」。

(D) 此制度的建立應會成加農業主管機關的行政負擔，而非提升行政效率。

21. **C**

【解析】 (A)(B) 提高或降低生產成本，只會直接影響生產者。

(D) 與公共財效益無關。

22. **B**

【解析】 (A) 消費者之公共利益優位於生產者之隱私，況公開有利於提升產品形象。

(B) 農產品為民間產品，非為政府資訊，故不適用。

(C) 驗證機構依法須受「誠實信用原則」拘束。

(D) 應符合行政機關依職權訂定之行政命令。

<u>23-24 爲題組</u>

23. **C**

　　【解析】 (C) 若政府任意沒收人民財產，即限制追求幸福的權利，
　　　　　　　　 人民有權改變或廢除。

　　　　　　 (A) 天賦人權的發展，起始應爲洛克。

　　　　　　 (B) 民主政體不必然經由革命才能產生。

　　　　　　 (D) 政府權力即便來自被統治者同意，不必然保障人民
　　　　　　　　　 幸福。

24. **D**

　　【解析】 多數決原則又稱多數統治原則，題幹之獨立宣言中不包
　　　　　　　 含此一原則。

25. **B**

　　【解析】 (B) 1860 年英、法聯軍劫掠「盡善盡美，世界沒有任何
　　　　　　　　 地方可以與之相比的圓明園」，英國人在七天內將之
　　　　　　　　 徹底毀壞，故法國的良心──雨果形容英、法爲兩
　　　　　　　　 個強盜。

26. **C**

　　【解析】 由題目中「主教在廣場上爲市民祝福，羊毛商人把貨品
　　　　　　　 陳列攤位上，供人選購，還有幾個攤位專門提供兌換貨
　　　　　　　 幣的服務」可知最早爲 (C) 十二世紀米蘭；

　　　　　　 (A) (B) 時期東西交流現象少。

27. **B**

【解析】 題幹中有「大軍攻破鳳山城」、「金娘後遭生擒，送往北京」可知為 (B) 林爽文事件，其他答案中的事件皆不可能。

28. **D**

【解析】 (D) 1884 年中法戰爭時法國出動遠東軍攻打中國和台灣；

(A) 1840 年鴉片戰爭沒有「我們派了這麼多軍艦前往中國，也不見中國退兵」；

(B) 1856 年英法聯軍沒攻打台灣；

(C) 1874 年牡丹社事件時滿清認為日本攻打台灣「保民義舉」，日本沒打中國。

29. **D**

【解析】 (D) 『拿破崙法典』融入法國大革命的原則——自由、平等、博愛」的理念，如承認法律之前人人平等、禁止任意逮捕人民、確立信仰自由、保護私有財產等；但法典也反映拿破崙的保守心態，如它雖然准許有限度的離婚，但卻規定婦女在法律上必須屈從於父親或丈夫權威。

30. **D**

【解析】 (D) 考題附圖一億面值的貨幣，這原是匈牙利的舊貨幣「帕戈（Pengő）」，出現在一次世界大戰後，但二次世界大戰後嚴重的通貨膨脹，導致開始出現貨幣面值高達一億；考題附圖看到了答案，原來這張帕戈的第 2 行文字就印有正確解答 1946 年，第二次大戰後。

31. **B**

　【解析】題幹中有「清朝末年」、「這個國家改變制度，擇（他國）長（處）為師」，可知為 (B) 明治維新後的日本；
　　　　(A) (C) 沒這種情形；
　　　　(D) 土耳其西化改革在第一次世界大戰後。

32. **C**

　【解析】(C) 明成祖時鄭和下西洋共約 28000 人，並設置醫官、醫士、通譯、買辦等職官。拜訪了 30 多個國家和地區，途中曾與某國發生衝突，指揮官帶領官兵破城，生擒該國國王及家屬，送回京師；
　　　　(A) (B) 規模沒這麼大；
　　　　(D) 民國，國軍前往滇緬沒有生擒該國國王及家屬，送回京師。

33. **A**

　【解析】(A) 明中葉以後（十六世紀後），中國引進菸草、玉米、馬鈴薯、蕃薯、花生等；
　　　　(B) 唐朝時，罌粟經由大食進貢而傳入中國；
　　　　(C) 20 世紀初法國傳教士首次將咖啡引種到雲南；
　　　　(D) 漢朝時期胡椒就傳入中國。

34. **A**

　【解析】民國 50 年代，中華民國政府開始推動「外交下鄉，農業出洋」的國際合作計畫，主要目的是 (A) 爭取非洲國家支持中華民國在聯合國的席位，民國 60 年退出聯合國後就成為彈性外交，以經濟實力突破外交困境。

35. **C**

【解析】 (C) 十六世紀，歐洲人開始到日本通商、傳教，導致日本政局不安，1635 年德川江戶幕府（Tokugawa Bakufu, 1603-1868）實行鎖國政策，只准中國和荷蘭的商船到長崎（Nagasaki）貿易，故「來長崎，學習荷蘭醫學。還說：當時如果想學習炮術，只能閱讀荷蘭文的書籍」。1854 年美艦隊司令培理（M. C. Perry）率「黑船」東來，逼迫日本簽〈神奈川條約〉（Treaty of Kanagawa），或稱〈日美和好條約〉，開放下田，函館兩地為通商口岸，鎖國時代結束。

36. **D**

【解析】 (D) 伊比利半島上古時代曾被羅馬人統治，故有羅馬神廟；八世紀後被阿拉伯人統治為白衣大食，教堂改建成清真寺；十字軍東征後，基督教王國吞併伊比利半島境內的伊斯蘭勢力，1492 年西班牙軍隊攻下伊斯蘭的最後據點──格蘭那達（Granada），所以十三世紀時，又改為羅馬教會的主教座堂；十六世紀時，重新修建。

37. **C**

【解析】 (C) 一次大戰時，婦女除負擔家計，也支持戰爭的後勤和工業生產（一家軍火工廠招工，我前往應徵，負責製作彈藥引信），婦女權益開始被重視；一次戰後，英、美等國婦女獲得投票權（1919 年英國、1920 年美國），婦女地位提升。

38. **D**

　　【解析】 (D) 日本統治台灣時期培植成功蓬萊米，強制收購輸出的
　　　　　　　蓬萊米，目的在管控輸往日本的稻米數量；收購價格
　　　　　　　比市場價格低一、二成左右，但又高於島內主要消費
　　　　　　　米的在來米價目的在管控稻米價格；
　　　　　　(A) 日本殖民時期培植成功蓬萊米，無維護臺灣人食用在
　　　　　　　來米的文化傳統；
　　　　　　(B) 收購價格比市場價格低一、二成左右，無維護臺灣農
　　　　　　　民權益；
　　　　　　(C) 確保日本資本家的收入。

39. **B**

　　【解析】 (B) 1972 年尼克森訪問北京一週，這是美國總統歷史上第
　　　　　　　一次訪問中華人民共和國，而且尼克森到訪北京期
　　　　　　　間，還與中共主席<u>毛澤東</u>會面，終結了韓戰以來雙方
　　　　　　　長達 25 年相互隔絕的歷史，尼克森稱此次的訪問為
　　　　　　　「改變世界的一周」；其他答案的國家沒有韓戰以來
　　　　　　　雙方隔離的狀態。

40. **A**

　　【解析】 (A) 題幹中有「漢高祖也禁止商賈當官」、「各地設置運輸
　　　　　　　官員，方便運送貨品，可以賤買貴賣，平抑物價」講
　　　　　　　的是漢武帝的「均輸法」、「平準法」，即討論 (A)
　　　　　　　漢代的經濟措施。

41. **A**

　　【解析】 (A) 題目中有「鮮卑大臣」知指<u>魏</u>晉南北朝時期，答案中
　　　　　　　只有 (A) 北朝後期，實施漢化改革政策後。

42. **D**

【解析】 (D) 明清通過考試成為生員（秀才）、舉人和進士者，其中能成為各級政府官員者只有少數，無法進入官僚的士人往往留在地方，和退休官員形成有別於「官」的在野「仕紳集團」；仕紳享有特權,如優免賦稅、差徭，觸犯法律不會像普通百姓那樣被濫施刑具，其他還包括可以乘轎等特權；要成為仕紳，除科舉功名的途徑外，也可以透過其他如捐納、保舉、軍功而獲得身分。

43. **D**

【解析】 (D) 工部掌管各項工程、工匠、屯田、水利、交通等事，明末清初耶穌會東來，介紹西學——火器、天文曆法、數學、物理、輿地之學，皆屬工部之事。

44. **A**

【解析】 (A) 1931 年以後臺灣總督府推動臺灣工業化，建立工業；像月潭發電完工（1934 年），以支援日本的重化工業；配合日本侵略，擴建高雄港；同時推行皇民化和南進基地化，將其鄰近地區的經濟生產內容導引至為其提供廉價原料和勞動力的方向；

(B) 甘地反對食鹽公賣制度，號召自行曬鹽，是非暴力不合作運動，1930 年英國殖民當局制定和頒佈了食鹽公賣制度，壟斷食鹽生產，任意抬高鹽稅和鹽價，引起當地人民強烈不滿，甘地號召印度人民用海水煮鹽，自製食鹽；

(C) 北伐後中國與列強交涉，關稅自主，是要廢除不平等
條約；

(D) 羅斯福推動新政，發展公共事業及農業，是為解決
1929 年發生的經濟大恐慌。

45. **C**

【解析】 登革病毒主要由黑斑蚊傳播，特別是埃及斑蚊。這些蚊子
通常生活在北緯 35 度到南緯 35 度海拔 1,000 公尺以下。
他們叮咬頻率較高出現在白天（特別是清晨和傍晚），但
是全年任何時間他們都可以叮咬並傳播病毒。

冬季登革熱疫情消匿主因是氣溫降低，不利病媒蚊生存，
然而 2015 年 11 月至 2016 年 1 月適逢聖嬰年，暖冬導致
疫情持續擴散，故選 (C)。

46. **D**

【解析】 據題幹所述，英國位於北半球 12 月屬於冬季，『一連幾
天空氣幾乎靜止不動』代表高壓壟罩而呈現空氣凝滯，
導致大量燃燒煤炭所產生的空氣汙染滯留，且無風使其
難以飄散，故排除天氣狀況較不穩定的 (A) (B) (C)。

題幹所述為英國於 1952 年 12 月所發生的光化學煙霧事
件。1952 年 12 月 5 日至 12 月 10 日間，高氣壓覆蓋英
國全境上空，給倫敦帶來寒冷和大霧的天氣。天冷時倫
敦市民通常多使用煤炭取暖。該時期倫敦的地上交通工
具正逐漸淘汰路面電車，開始全面使用內燃引擎的巴士
（運轉時會排出大量廢氣）；且供給暖氣的火力發電廠
與內燃機車產生的亞硫酸（二氧化硫）等大氣污染物質
在高壓壟罩下如痛被鍋蓋封閉一般而不得排散，污染物

逐濃縮形成為值數僅為 pH2 的強酸性、高濃度的硫酸
霧。此事件導致了大量得支氣管炎、支氣管肺炎、心臟
病等重患直接或間接死亡人數大幅攀升，為英國史上罕
見的大慘案。

47. **A**

【解析】 (A) 選項所述符合附圖中以各個便利商店候選點為中心，
進行環域分析後得到之分析結果，故選之。

(B) (C) 為屬性資料查詢；(D) 為疊圖分析。

48. **D**

【解析】 濁水溪沖積扇大部分區域之地表至深度 100 公尺的範圍皆
為未固結堆積層，沉積序列屬典型之沖積扇沉積特性，以
不同比例之砂泥互層為主，且因河道的側向遷移或沉積環
境的改變，偶夾基質為砂泥之中小粒徑礫石層。整體而言，
具有沖積扇及三角洲環境依地形特徵命名有其規律可循。
其中，較高的小丘或沙丘則稱為「崙」（大部分都位於海
邊、河邊或是山麓沖積扇上），故選 (D)。

49. **A**

【解析】 從圖的 7 月均溫皆大於 1 月均溫可知，此四座城市皆位
於南半球，再依據降雨季節分布可判讀：

(A) 全年大於 18℃ 且乾季不顯著，屬於熱帶雨林氣候；

(B) 最冷月均溫大於 0℃ 且全年有雨，屬於溫帶海洋性氣
候；

(C) 最冷月均溫大於 0℃ 且夏乾冬雨，屬於溫帶地中海型
氣候；

(D) 全年大於 18℃ 且乾濕季分明，屬於熱帶莽原氣候。
題幹所述 12 月 22 日（北半球冬至）正午 12:00 時，
太陽直射南回歸線，只有 (A) 最接近赤道（刪 (D)），
符合尖塔陰影最長且朝向正北；其餘的 (B) (C) 陰影
朝向南方故不選。

50. **B**

【解析】 題幹以文化劃分（語言、宗教）而非純以地理位置作劃
分。

(A) 南亞文化區：印度半島各國（題幹中未提及）

(B) 西方文化區：（包含歐洲大陸、俄羅斯、北美洲、中
南美洲、南非、紐澳等區）美國、加拿大、紐西蘭、
澳洲、墨西哥、秘魯，總計六國。

(C) 東南亞文化區：（中南半島、南洋群島）新加坡、馬
來西亞、汶萊，共計四國。

(D) 大洋洲文化區：太平洋諸島（題幹中未提及）

【注意】越南為大乘佛教，屬於東亞文化區；紐澳屬於
海洋歐洲文化區（西方文化區）

51. **B**

【解析】 題幹敘述阿拉伯人透過『不同季節的盛行風向』在東非
與阿拉伯半島、南亞之間移動，主要是古代帆船時期，船
隻航行受行星風系的風帶季移（東南信風越過赤道受科
氏力偏轉向右而變成西南風 → 可航行至阿拉伯半島），
以及大範圍海陸性質差異所造成的季風，這兩點的綜合
影響所致，故選 (B)。

52. **D**

【解析】 可從各主要縣市轄下的行政區劃分層級推估，甲：彰化縣彰化市（縣轄市），乙：臺北市中正區（直轄市轄區），丙：雲林縣四湖鄉（縣轄鄉），丁：南投縣埔里鎮（縣轄鎮），故選 (D)。（行政區層級越高，所涵蓋的範圍越大）

53. **D**

【解析】 臺灣位於歐亞陸板塊及菲律賓海板塊的聚合邊界，而花東縱谷則為這兩個板塊的縫合線（海岸山脈屬於菲律賓海板塊），故選位於該區的 (D) 秀姑巒溪。

54-56 為題組

54. **D**

【解析】 從圖片右上角可見得，當農業活動用上大型機具、飛機等進行耕作時，代表集約程度較低，單位面積產量也低，只需少數人即可進行大面積耕種，即意味著單位勞動力產量高，較類似美加的小麥、玉米，故選 (D)。

55. **C**

【解析】 因此圖是商業性穀物農業，配合農業系統示意圖，可發現只有 (C) 符合在種植之後，作物先投入市場，再轉入農家才得以投入種植的循環。

56. **C**

【解析】 此景觀在溫帶草原氣候最常見，如美國，故選 (C)。

<u>57-59 為題組</u>

57. **D**

　　【解析】　石油輸出國家有：

　　　　　　(A) 巴西、墨西哥，兩國。

　　　　　　(B) 厄瓜多，一國。

　　　　　　(C) 零國。

　　　　　　(D) 伊朗、奈及利亞、阿爾及利亞、俄羅斯，四國。

58. **A**

　　【解析】　(A) 克羅埃西亞、西班牙、荷蘭、希臘、英格蘭、義大

　　　　　　　　利、法國、德國、葡萄牙、比利時，共十國。（瑞

　　　　　　　　士並非歐盟成員國。）

　　　　　　(B) 喀麥隆、奈及利亞、迦納、阿爾及利亞，僅四國。

　　　　　　(C) 墨西哥、澳大利亞、智利、日本、美國、俄羅斯、

　　　　　　　　南韓，共七國。

　　　　　　(D) 巴西、智利、哥倫比亞、烏拉圭、厄瓜多，共五國。

59. **C**

　　【解析】　(C) 墨西哥、西班牙、智利、哥倫比亞、烏拉圭、哥斯大

　　　　　　　　黎加、厄瓜多、宏都拉斯、阿根廷，共九國。

<u>60-61 為題組</u>

60. **B**

　　【解析】　依據圖例所附之經緯度，可知其地點靠近赤道，應位於

　　　　　　非洲大陸，圖內地形亦為狹長湖泊，可推斷為位於「東

　　　　　　非大裂谷」南端的馬拉威湖，故為 (B)。

61. **B**

【解析】 該地氣候應屬熱帶氣候，鄰近高地，全年少雨。

(A) 葡萄、橄欖屬於耐旱作物，常耕種於溫帶地中海型氣候。

(B) 棉花需水量較少，適合的熱帶草原氣候，故選 (B)。

(C) 樹薯多出現在對流雨旺盛區；柑橘為地中海型作物。

(D) 黃豆屬於雜糧（耐旱耐寒）。

62-64 為題組

62. **A**

【解析】 臺灣春末夏初（5、6 月）進入梅雨季。由於海洋暖氣團與大陸冷氣團勢均力敵，在臺灣北部地區會有滯留鋒面系統，固可從附表中可得知，北部地區陰雨綿綿因是受鋒面滯留所致，故選 (A)。

(B) 寒流過境，氣溫應驟降（不符合附表所示）；

(C) 颱風來襲降雨強度大（不符合附表所示）。

63. **B**

【解析】 觀察表中數據，可知鋒面從降水量最多的 5/15 的臺中開始往北移動，使 5/21 臺北的降水量達到巔峰，藉此可推測鋒面後續已離開臺灣，移往北方的東海，故選 (B)。

由於春夏之際熱帶海洋暖氣團勢力較強，因此將滯留鋒面往北推移，導致華中地區 6、7 月下梅雨；日本地區 7、8 月入梅。

64. **A**

【解析】 觀察表中氣溫可發現，5 月 15 日臺東的氣溫異常偏高，可推測為旺盛的西南氣流所引發的焚風現象，故選 (A)。

65-66 為題組

65. **B**

【解析】 當時背景是西方帝國主義抬頭，各歐洲王國開始經濟競賽，紛紛通過建立貿易航線和殖民地來擴充財富。哥倫布向西航行到達東印度群島的冒險性計劃之所以能得到西班牙王室的支持，主要是因為西班牙王室看到新航線有可能在與對手競爭關於亞洲的高利潤的香料貿易中脫穎而出。因此，在西班牙的天主教君主的贊助下，哥倫布在 1492 年到 1502 年間四次橫渡大西洋，並且成功到達美洲。而 1943 年哥倫布於美洲設立據點，引發歐亞美非連串病菌、糧食作物與人種等的交流與碰撞，史稱『哥倫布大交換』，故選 (B)。

66. **C**

【解析】 哥倫布首航從西班牙出發，抵達今日中美洲的巴哈馬群島，由於古代航行主要是靠風力與海流，從路線上可得知哥倫布要從歐洲往西航行至中美洲必須利用東北信風和赤道洋流，才能將其艦隊往西南方向移動，故選 (C)。

<u>67-68 為題組</u>

67. **A**

【解析】 (A) 唐代政府最早在廣州設立機構——市舶司，管理海上貿易活動。

68. **C**

【解析】 阿拉伯人藉由貿易與傳教進入南亞與東南亞，引文中的各地，並與北方的中國進行貿易，故應選與伊斯蘭教傳播有關的 (C)。

(A) 都市化、(D) 殖民地發展都在唐代之後。

<u>69-70 為題組</u>

69. **D**

【解析】 (D) 葡、荷、英西方國家在東南亞殖民擴張的性質不是領土而是商業，其中，荷蘭東印度公司的「強迫種植制度」最為典型；直到二十世紀中期二次大戰後，印尼在蘇卡諾（Sukarno）領導下驅逐荷蘭人；後經聯合國的調解，荷蘭才停戰撤兵，並承認印尼的獨立。

70. **A**

【解析】 承上題判斷，該地應為十九世紀的東南亞。

(A) 該地族群多元，構成的文化與宗教信仰豐富，故選此。

(B) 近代國家經濟泡沫化有 30 年代的美國大蕭條，80 年代的日本，1994 年以墨西哥為主的中美洲國家，1997 年的亞洲金融危機等。

(C) 伊波拉出血熱爆發於西非。

(D) 出生率、死亡率均低於 15‰ 才會導致人口進入低穩定階段（已開發國家），與題幹不符。

71-72 為題組

71. A

【解析】 由題幹所述之宗教與語言上的多樣性（『宗教類別與內涵相當豐富多樣』→『宗教博物館』），及經濟發展程度，可判斷該國為印度。

　　　甲、 四大文明古國：古埃及、美索不達米亞、古印度及古中國。(皆為大河文明)

　　　乙、 發源於為西亞的耶路撒冷。

　　　丙、 印度曾受英國殖民近一世紀之久，後受甘地非暴力之不合作運動引領，經印度獨立運動而形成今日印度、巴基斯坦分治的局勢。

　　　丁、 三角貿易是指歐洲人將非洲的黑奴引至中南美洲；美洲將熱帶作物、礦產輸往歐洲；歐洲將工業成品輸往非洲，與題幹敘述國家不符。

　　　戊、 明朝大量流入中國的白銀主要產自美洲與日本。

　　　故選 (A) 甲丙。

72. C

【解析】 人類發展指數是依據預期壽命、受教育年限（或識字率）、平均國民總收入來計算之綜合指標，故選 (C)。

105 年大學入學學科能力測驗試題
自然考科

第壹部分（占 80 分）

一、單選題（占 56 分）

說明：第 1 題至第 28 題，每題均計分。每題有 n 個選項，其中只有一個是正確或最適當的選項，請畫記在答案卡之「選擇題答案區」。各題答對者，得 2 分；答錯、未作答或畫記多於一個選項者，該題以零分計算。

1. 下列基礎物理示範實驗與其主要使用器材的對應，哪一項最恰當？

器材＼實驗主題	摩擦力的觀察	載流導線的磁效應	電磁感應	楊氏雙狹縫干涉
(A)	彈簧秤	羅盤（磁針）	檢流計	雷射光源
(B)	彈簧秤	檢流計	羅盤（磁針）	雷射光源
(C)	雷射光源	羅盤（磁針）	檢流計	彈簧秤
(D)	檢流計	羅盤（磁針）	彈簧秤	雷射光源
(E)	羅盤（磁針）	彈簧秤	雷射光源	檢流計

2. 在相同的條件下，使用相同的光源照射相同的植物甲和乙，若甲在太空中，乙在地面上，藉此對照甲與乙的生長過程。此一實驗最主要可以辨識出下列哪一項作用對於植物的影響？
   (A) 強作用　　　　(B) 弱作用　　　　(C) 電磁作用
   (D) 重力作用　　　(E) 光合作用

3. 若將地球公轉太陽一圈的時間（公轉週期）稱為「地球年」，表 1 為太陽系內地球與某行星的資料，則表中 T 的數值最接近下列哪一項？

表 1

行星	軌道平均半徑（百萬公里）	公轉週期（地球年）
地球	約 150	1
某行星	約 4500	T

   (A) 1　　　(B) 30　　　(C) 50　　　(D) 100　　　(E) 160

4. 在紙面上兩條垂直的載流長直導線，其電流均為 i，方向如圖 1 所示。圖中四個象限分別為 I、II、III、IV，則下列關於各區磁場的敘述，哪一項正確？
   (A) 除象限 I 外，其餘均無磁場垂直穿出紙面的區域
   (B) 僅有象限 II 具磁場量值為零的區域
   (C) 僅有象限 III、IV 具磁場量值為零的區域
   (D) 象限 III 的磁場方向均為垂直穿入紙面
   (E) 象限 IV 的磁場方向均為垂直穿出紙面

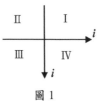

圖 1

5. 將光投射在金屬表面使其產生光電子，再利用磁場引導並選出具有相同速度之電子，使其通過單狹縫後，投射於能夠探測電子的

屏幕上,經過一段時間的紀錄,發現在屏幕上各點累積的電子數目,其分布呈現繞射條紋。欲解釋上述的實驗現象,下列敘述何者最適當?

(A) 需用到光及電子的波動性

(B) 需用到光的波動性及電子的粒子性

(C) 需用到光的粒子性及電子的波粒二象性

(D) 需用到光的粒子性,不需用到電子的粒子性或波動性

(E) 需用到電子的粒子性,不需用到光的粒子性或波動性

6. 某生觀測拉緊的水平細繩上行進波的傳播,發現繩上相距 1.5 cm 的甲、乙兩點,其鉛直位移之和恆為零,而甲點鉛直位移隨時間 *t* 的變化如圖 2 所示。試問下列何者可能是此繩波的波速?

(A) 12 cm/s

(B) 7.5 cm/s

(C) 5.0 cm/s

(D) 4.5 cm/s

(E) 3.0 cm/s

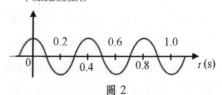

圖 2

7-8 為題組

甲、乙、丙、丁、戊代表五種不同元素,其原子的電子排列如圖 3。圖中「●」代表原子核,「。」代表核外電子。

   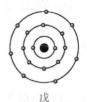

甲　　　　乙　　　　丙　　　　丁　　　　戊

圖 3

7. 在常溫常壓下，哪一個是化學活性最大的非金屬元素？
   (A) 甲
   (B) 乙
   (C) 丙
   (D) 丁
   (E) 戊

8. 下列有關此五種元素的敘述，哪一項正確？
   (A) 甲易與其他元素結合成分子化合物
   (B) 某元素 X 的同位素有 8 個中子，且此同位素的質量數為 14，則 X 為乙
   (C) 丙不安定，易與其他元素反應生成化合物
   (D) 丁通常失去一個電子與鹵素反應形成離子化合物
   (E) 戊位於週期表的第二週期

9. 取 30℃ 的飽和 KNO_3 溶液少許，置於質量為 84.0 克的錶玻璃上，秤得溶液與錶玻璃共 86.2 克。俟水完全揮發後，秤得 KNO_3 粉末與錶玻璃共 84.7 克。依據以上數據，則 30℃ 時，KNO_3 在水中的溶解度（g/100g 水）應接近下列哪一數值？
   (A) 16
   (B) 27
   (C) 32
   (D) 47
   (E) 54

10. 已知在標準狀態下，CO 與 CO_2 的莫耳生成熱分別為 –110.2 kJ/mol 及 –393.5 kJ/mol。今有 12.0 克的碳燃燒後得 7.0 克的 CO 與 33.0 克的 CO_2，則在此過程中，約有多少熱量（kJ）釋出？
   (A) 84.7
   (B) 137.5
   (C) 248.2
   (D) 322.7
   (E) 457.8

11. 實驗桌上的 10 杯等濃度、等體積的溶液，若兩兩相互混合，則哪一組溶液所含的離子數量最多？

(A) NaOH + CH₃COOH   (B) BaCl₂ + CuSO₄

(C) AgNO₃ + NaCl   (D) Na₂CO₃ + HCl

(E) Na₂SO₄ + NaOH

12-13 為題組

二鉻酸鉀（$K_2Cr_2O_7$）可用於檢測呼氣中的酒精濃度。酒精與 $K_2Cr_2O_7$ 的反應式如下：

$$3CH_3CH_2OH + 2Cr_2O_7^{2-} + 16H^+ \rightarrow 3CH_3COOH + 4Cr^{3+} + 11H_2O$$

反應後，顏色由橘紅變為綠，經由儀器測得的數據可換算成酒精濃度。在常溫、常壓下，目前公認的血液中與呼氣中的酒精濃度比例為 2100：1。法令規定每升呼氣中的酒精濃度不得超過 0.25 毫克。已知呼氣中的酒精濃度與儀器所測得的變化量之關係如圖 4 所示：

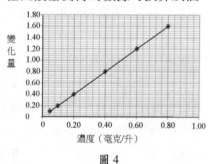

圖 4

12. 當某人呼氣造成的儀器上變化量為 0.80 時，血液中的酒精濃度，若以 M 計，則最接近下列哪一數值？

  (A) 0.084   (B) 0.018   (C) 0.18

  (D) 0.36   (E) 0.84

13. 承上題，此人呼氣中的酒精濃度是否超標？

  (A) 是   (B) 否   (C) 不能確定

14-15 為題組

無機化合物 X 經過圖 5 所示的轉變過程後，可得回原來的 X：

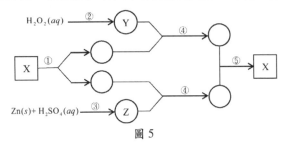

圖 5

圖中□表示液體，○表示氣體，數目①～⑤代表化學反應或物理變化過程，其中④為兩種氣體混合後點燃，而所有的轉變均在常溫常壓而且適當的反應條件下進行。

14. 試問 X 是什麼物質？
(A) 過氧化氫　　　　　(B) 水　　　　　　　(C) 氧氣
(D) 氫氣　　　　　　　(E) 二氧化硫

15. 試問 Z 是什麼物質？
(A) 過氧化氫　　　　　(B) 水　　　　　　　(C) 氧氣
(D) 氫氣　　　　　　　(E) 二氧化硫

16. 下列生物個體或構造，以適當的器具測量或觀測，何者的對應關係**最不恰當**？
(A) 大型的成體鯨：高速公路地磅站用的地磅
(B) 一歲的嬰兒：菜市場用的磅秤
(C) 蛙卵的卵徑：鉛筆盒裡的文具直尺
(D) 葉肉細胞：國中實驗室用的複式顯微鏡
(E) 葉綠體：高中實驗室用的解剖顯微鏡

17. 下列細胞內的結構，何者具有雙層膜？

(A) 高基氏體　　　　(B) 溶體　　　　(C) 內質網

(D) 細胞核　　　　　(E) 液胞

18. 下列現象的發現，何者與遺傳的染色體學說之建立**最不相關**？

(A) 染色體由 DNA 與蛋白質組成

(B) 減數分裂時，同源染色體分離

(C) 減數分裂時，非同源染色體自由組合

(D) 減數分裂時，發生染色體聯會

(E) 受精卵的染色體分別來自卵子與精子

19. 下列有關基因轉殖技術，製備重組 DNA 的步驟次序，何者正確？

Ⅰ. 取得含重組 DNA 分子之細菌　　Ⅱ. 用限制酶切開質體 DNA

Ⅲ. 由細菌萃取質體　　　　　　　Ⅳ. 混合外源基因和載體

Ⅴ. 以 DNA 連接酶連接 DNA

(A) Ⅲ，Ⅱ，Ⅰ，Ⅳ，Ⅴ　　　　(B) Ⅳ，Ⅱ，Ⅰ，Ⅲ，Ⅴ

(C) Ⅲ，Ⅱ，Ⅳ，Ⅴ，Ⅰ　　　　(D) Ⅳ，Ⅴ，Ⅰ，Ⅱ，Ⅲ

(E) Ⅴ，Ⅳ，Ⅲ，Ⅱ，Ⅰ

20. 圖 6 為某一家族之遺傳疾病譜系圖，方型為男性，圓形為女性，空白為正常，實心為患者。若此疾病為隱性性聯遺傳，等位基因 X' 相對於 X 為隱性，雄性染色體以 Y 表示，則下列個體之基因型表示法何者正確？

(A) 1：XY　　　　　(B) 2：X'X

(C) 5：X'Y　　　　 (D) 7：X'X'

(E) 11：XX

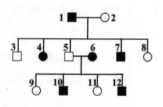
圖 6

21. 臺灣的降雨分布有明顯的南北差異，但縱使在北部地區，東邊和西邊也有很大的不同。圖 7 為中央氣象局臺北、宜蘭、臺南三個氣象站，30 年的長期月平均降水量分布圖。試問甲（虛線）、乙（實線）、丙（點-虛線）三條曲線依序代表哪三個氣象站？

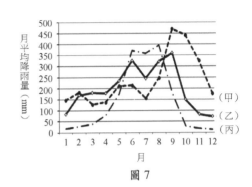

圖 7

(A) 臺北、宜蘭、臺南
(B) 宜蘭、臺南、臺北
(C) 臺北、臺南、宜蘭
(D) 宜蘭、臺北、臺南
(E) 臺南、宜蘭、臺北

22. 氣候是長時間尺度下，地球系統中能量交換後呈現的現象。討論氣候變遷時的重點即是地球系統能量的收支平衡。下列有關能量平衡的敘述，何者正確？
(A) 冬季時，高緯度溫度較低緯度寒冷，主要是因為距離太陽較遠，單位面積接收到的能量較少
(B) 地球能量主要靠傳導散入外太空
(C) 地表接收到的能量大於放出的能量時會造成平均溫度上升
(D) 溫室氣體主要是透過吸收太陽輻射，而破壞地球能量的收支平衡
(E) 地表吸收太陽光後會反射短波輻射

23. 圖 8 及圖 9 代表北半球兩種不同型態之氣旋，下列有關這兩種氣旋之敘述，何者正確？
(A) 圖 8 氣旋形成在熱帶溫暖的海面上
(B) 圖 9 氣旋從水氣凝結得到能量，其中心溫度較外圍環境高

(C) 圖 8 氣旋是因高空輻合所造成

(D) 圖 9 氣旋有一邊界以隔開不
同溫度之氣團

(E) 圖 8 與圖 9 兩種氣旋都是在
兩種氣團的交界面附近形成

圖 8　　　　　圖 9

24. 日月距離與日地距離相當，但是地球擁有大氣層，而月球卻沒
有，下列哪一項是最主要原因？

(A) 月球永遠以同一面對著地球

(B) 月球的大氣透明，從地球無法直接偵測到

(C) 月球成分接近地函，密度太低

(D) 月球質量太小

(E) 因為月球沒有磁場

25. 臺灣東部的海岸山脈是由菲律賓海板塊與歐亞板塊聚合所形成
的，使得原本是菲律賓海板塊的岩石被擠壓而上升到陸地。下
列岩石何者原屬於菲律賓海板塊？

(A) 花岡岩　　　　　(B) 玄武岩　　　　　(C) 板岩

(D) 片岩　　　　　(E) 大理岩

26. 在臺灣某地有一斷層，此斷層面往南北方向延伸，且斷層面垂直
地面，志明和鳳英是鄰居，他們的房子恰好以斷層為界，志明的
房子在斷層的東邊。從國中一年級到高三約六年的時間，志明發
現鳳英的房子往北移動了約二十多公分，此斷層屬於下列哪一種
斷層？

(A) 正斷層　　　　　(B) 逆斷層　　　　　(C) 左移斷層

(D) 右移斷層　　　　　(E) 轉形斷層

27. 六月時節，某日天氣晴朗幾近無風，海上救難小組接獲通報，告知有艘漁船八小時前在蘇澳正東方外海五十公里處，與親友通訊後便失去了聯絡，可能已失去動力、開始漂流。由該船最後發出消息的大致位置，救難小組應該往該漁船失聯處的哪個方向搜尋？
    (A) 失聯處　　(B) 東方　　　(C) 西方　　　(D) 南方　　　(E) 北方

28. 一般來說，要讓空氣達到飽和的方式有增加水氣和降低溫度兩種方式。露點是一種溼度的表示法，它可以反映空氣中實際水氣含量的多寡。如果沒有特別天氣系統影響的情況下，一天中溫度與露點在什麼時間最接近？
    (A) 中午　　　　　　(B) 午後　　　　　　(C) 傍晚
    (D) 清晨　　　　　　(E) 早上十點附近

二、多選題（占 16 分）

說明：第 29 題至第 36 題，每題均計分。每題有 n 個選項，其中至少有一個是正確的選項，請將正確選項畫記在答案卡之「選擇題答案區」。各題之選項獨立判定，所有選項均答對者，得 2 分；答錯 k 個選項者，得該題 $\frac{n-2k}{n}$ 的分數；但得分低於零分或所有選項均未作答者，該題以零分計算。

29. 在地球上觀測氫原子光譜，於波長 486 nm 處有一光譜線。天文觀測發現某一星系甲的氫原子光譜中，此 486 nm 譜線移到 492 nm；而另一星系乙的氫原子光譜中，此譜線則移到 500 nm。若此天文觀測的結果符合哈伯定律，則下列有關星系甲與乙之敘述，哪些正確？（應選 2 項）
    (A) 所觀測到之星系甲向地球靠近
    (B) 所觀測到之星系乙離地球遠去

　　(C) 相較於星系乙，所觀測到之星系甲距地球較遠

　　(D) 相較於星系乙，所觀測到星系甲的遠離速率較小

　　(E) 所觀測到之光譜皆是目前星系甲與乙所發出的光譜

30. 將一個小球從地面鉛直上拋，假設空氣阻力可以忽略。圖 10 中甲時刻和乙時刻分別對應於小球往上升及往下掉的過程中，在任一相同高度處的運動狀態，則下列有關小球於甲、乙兩時刻對應的物理量，哪些一定相同？（應選 3 項）

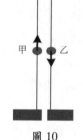

　　(A) 甲、乙兩時刻的加速度

　　(B) 甲、乙兩時刻的速度

　　(C) 甲、乙兩時刻的重力位能

　　(D) 甲、乙兩時刻的動能

　　(E) 從地面至甲時刻的時間與自最高點掉落至乙時刻的時間

圖 10

31. 電磁爐是利用平行於爐面的平面線圈，通電後改變通過金屬鍋底的磁場使其產生應電流，鍋底因電流熱效應而加熱食物。考量設計電磁爐時在其他變因保持不變且可正常工作的條件下，改變下列哪幾項因素，可以加速煮熟食物？（應選 3 項）

　　(A) 增加產生爐面磁場之交流電源的電壓

　　(B) 增加產生爐面磁場之交流電源的電流

　　(C) 將電磁爐放置在一大型永久磁鐵上

　　(D) 將交流電源改為高壓直流電源

　　(E) 增加產生爐面磁場之線圈匝數

32. 下列哪些物質被動物分解後會產生含氮廢物？（應選 2 項）

　　(A) DNA　　(B) 血紅素　　(C) 脂肪　　(D) 肝醣　　(E) 纖維素

33. 下列哪些是孟德爾從豌豆雜交實驗中所獲得的重要結論？（應選 2 項）

(A) 豌豆的單一性狀有很多差異，這些差異會遺傳給下一代

(B) 一種性狀的遺傳，是由一對因子傳遞到下一代

(C) 兩種性狀的遺傳因子互不干擾，其遺傳事件彼此獨立

(D) 在 F1 中，隱性性狀出現的頻率大於顯性性狀出現的頻率

(E) 豌豆有雜交現象，並不適合作為遺傳研究的材料

34. 某種蛾其翅膀的顏色是由單基因的兩個等位基因 T 與 t 所決定。基因型 TT 與 Tt 的顏色為褐色，基因型 tt 的顏色為黃色。生物學家對此蛾族群進行十年調查的結果如圖 11 所示。下列判斷哪些正確？（應選 2 項）

(A) 等位基因 T 與 t 中，t 為顯性

(B) 基因型 TT 在族群中的比例逐年升高

(C) 等位基因 T 與 t 並存於族群中

(D) 褐色蛾在族群中的比例逐年降低

(E) 此蛾族群大小因黃色蛾比率的增加而變大

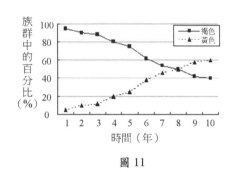

圖 11

35. 下列哪些是原核生物的細胞？（應選 2 項）

(A) 甲烷菌的細胞　　　　(B) 酵母菌的細胞

(C) 藍綠菌的細胞　　　　(D) 松的導管細胞

(E) 人的紅血球細胞

36. 有湧升流現象的海域，其表層海水特性相較周圍海域有顯著不同，甚至會影響該區域天氣或氣候的變化。下列哪些是湧升流海域的特徵？（應選 2 項）

(A) 海面易形成霧　　　　　　(B) 表層海水溶氧量增加

(C) 表層海水鹽度降低　　　　(D) 表層海水較透明

(E) 混合層厚度變薄

三、綜合題（占 8 分）

說明：第 37 題至第 40 題，每題 2 分，每題均計分，請將正確選項畫記在答案卡之「選擇題答案區」。單選題答錯、未作答或畫記多於一個選項者，該題以零分計算；多選題每題有 n 個選項，答錯 k 個選項者，得該題 $\frac{n-2k}{n}$ 的分數；但得分低於零分或所有選項均未作答者，該題以零分計算。

　　聯合國大會宣布 2015 年為「國際光之年」，世界各國紛紛展開推廣活動，希望大眾了解「光科技」的重要性。想要了解光的特性，首先要認識電磁波光譜。電磁波可依其頻率的高低或波長的長短來劃分。將波長由長到短排列，則分別為無線電波、微波、紅外線、可見光、紫外線、X 射線及伽瑪射線，而波長愈長的能量愈低。人眼可看到的只有可見光，其波長約介於 380～750 nm。

　　高效率藍光發光二極體（LED）的發明，促使明亮省電的可見光光源得以實現，因而獲頒 2014 年物理諾貝爾獎。此外，由於雷射光是單一波長的光源，易聚光為極細且強的光束，因此雷射的發明對現代科技應用貢獻甚多。

　　演化使生物與光呈現多樣化的關係。動物以視覺感應光，偵測週遭環境，植物以生化反應從光中提取能量，但只有少數物種主動發光。會發光的生物體通常發冷光，此冷光不同於白熱光。螢火蟲

是在陸地上發黃光的生物，雙鞭毛蟲（又稱甲藻）則在夜間發藍綠光，使海水閃放藍綠光。

　　天文觀測是以接收宇宙中天體所發出的光為主，科學家透過觀測恆星、星系所發出的光，得以研究恆星演化、宇宙起源等問題。光速雖然快，但在浩瀚的宇宙中，許多天體發出的光仍須傳遞很久才會抵達地球。

37. 人造光源發光效率約如表 2 所示，表中的流明（lm）為經人類視覺效率調整之後的照明單位。下列敘述哪些正確？
（應選 2 項）

表 2

人造光源	油燈	鎢絲燈泡	螢光燈	發光二極體
發光效率（lm/W）	0.1	15	75	300

(A) 紅光光子的能量大於藍光光子

(B) 使用油燈時釋出的二氧化碳量與其他燈具差不多

(C) 在同一時段提供相同的照明，鎢絲燈泡產生的熱能多於螢光燈

(D) 在同一時段提供相同的照明，使用螢光燈所消耗的電能約是使用發光二極體的 1/4 倍

(E) 在同一時段提供相同的照明，使用鎢絲燈泡所消耗的電能約是使用發光二極體的 20 倍

38. 下列有關光的敘述，哪一項**錯誤**？

(A) 紫外線可被大氣中的臭氧層吸收

(B) 雷射可用於外科手術，替代傳統的不銹鋼手術刀

(C) 光碟所存的訊息，可由雷射光束讀取

(D) 光纖可以導引光的方向

(E) 紅外線比紫外線易破壞原子間的鍵結

39. 下列有關生物體與光的關係，何者正確？
    (A) 發光生物所發出的冷光，其波長都位於波譜的藍綠帶
    (B) 螢火蟲於夜間發出一閃一閃熱輻射
    (C) 生物具有發光能力是適應的結果
    (D) 甲藻因為會發光而改稱為雙鞭毛蟲
    (E) 多數植物會從光中提取能量主動發光

40. 我們對宇宙中天體所發出的光了解越多，越能認識這些天體。下
    列有關天體所發出光線的敘述，何者正確？
    (A) 當我們觀賞星空，看見仙女座 M31，顯示 M31 現在的外貌
    (B) 觀察恆星的吸收光譜，可以判斷恆星的氣體組成
    (C) 恆星的顏色越偏紅，表示其年齡越老
    (D) 恆星的溫度越高，絕對星等越大
    (E) 依據天體看起來的明亮程度，就可判斷天體距離地球的遠近

第貳部分（占 48 分）

說明：第 41 題至第 68 題，每題 2 分。單選題答錯、未作答或畫記
     多於一個選項者，該題以零分計算；多選題每題有 n 個選
     項，答錯 k 個選項者，得該題 $\frac{n-2k}{n}$ 的分數；但得分低於零
     分或所有選項均未作答者，該題以零分計算。此部分得分超
     過 48 分以上，以滿分 48 分計。

41-43 為題組

　　一物體的動量定義為質量與速度的乘積。假設甲、乙兩物體的
質量分別為 m 與 m'，此兩物體於 Δt 時段內發生正面碰撞，碰撞前
後的速度變化量分別為 Δv 與 Δv'。依據牛頓第二運動定律，在 Δt

時段內甲、乙的平均受力 F 與 F' 分別為 $F = m\dfrac{\Delta v}{\Delta t}$ 與 $F' = m'\dfrac{\Delta v'}{\Delta t}$，

而根據牛頓第三運動定律 $F = -F'$，故可得 $m\Delta v + m'\Delta v' = 0$，此即為「動量守恆律」。依據前述牛頓運動定律、動量守恆律，以及外力所作的功等於物體動能變化量的定理，回答下列 41-43 題有關碰撞的問題。

41. 以高速攝影機拍攝一質量為 50 g 之網球撞擊牆面的過程，所得到的球中心速度 v 對時間 t 的變化如圖 12 所示，則在撞擊牆面的過程中，網球受到牆面平均作用力的量值，最接近下列何者？

    (A) 0.02N
    (B) 0.2N
    (C) 2N
    (D) 20N
    (E) 200N

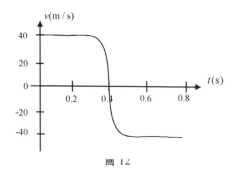

圖 12

42. 圖 13 所示為一種打樁機的簡化模型，它可藉由鐵塊從靜止開始自由下落，將鐵樁打入堅硬的岩層中，其中鐵塊最初高度為 h_1，而鐵樁露出在地面上的高度由 h_2 減少為 h_3。已知鐵塊與鐵樁碰撞後瞬間合而為一，若針對不同的 h_1 與 h_2 組合，測得的（$h_1 - h_2$）對（$h_2 - h_3$）的關係如圖 14 所示，則下列推論何者正確？

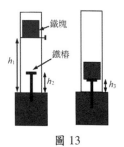

圖 13

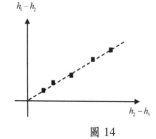

圖 14

(A) 鐵樁在岩層中受到的平均阻力與鐵樁深入的距離成正比

(B) 鐵樁在岩層中受到的平均阻力與鐵樁深入的距離無關

(C) 鐵樁在岩層中移動的時間與鐵樁深入的距離成正比

(D) 鐵樁在岩層中移動的時間與鐵樁深入的距離無關

(E) 在鐵塊與鐵樁碰撞瞬間的前後,兩者的總動能相等

43. 承上題,若 h_1 保持定值,但以不同 h_2 進行打樁實驗。假設鐵樁與鐵塊碰撞後合為一體並以最初速率 v 進入岩層,則下列何者最接近 v 對 ($h_2 - h_3$) 的正確作圖?

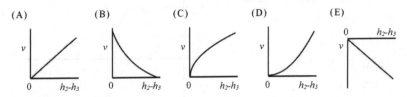

44-45 為題組

　　一質量可忽略的理想彈簧左端固定於牆上,其力常數為 k,如圖 15 所示。一質量為 m 的木塊,以初速率 v 向左滑行於水平面上,在正面擠壓彈簧後與彈簧保持接觸,直到被向右彈回,兩者分離。已知彈簧壓縮量為 x 時,其彈簧位能 $U = \dfrac{1}{2}kx^2$,

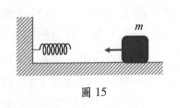

圖 15

而木塊與彈簧系統的力學能,定義為木塊動能與彈簧位能的總和。依據上述資料,回答下列 44-45 題。

44. 若木塊與水平面間沒有摩擦力,則木塊與彈簧系統的力學能守恆。在沒有摩擦力的假設下,下列敘述哪些正確?(應選 3 項)

(A) 彈簧最大壓縮量 $x = \sqrt{\dfrac{m}{k}}\,v$

(B) 在壓縮過程中，木塊的動能守恆

(C) 木塊彈回右方起始位置時的速率為 v

(D) 木塊在剛開始壓縮彈簧時受力最大

(E) 彈簧被壓縮到最短時，木塊所受彈簧作用力最大

45. 當木塊與水平面間有摩擦力時，木塊與彈簧系統的力學能會持續減少。在有摩擦力的情況下，下列敘述哪些正確？（應選 2 項）

(A) 彈簧最大壓縮量 $x < \sqrt{\dfrac{m}{k}}\,v$

(B) 木塊彈回右方起始位置時速率小於 v

(C) 木塊彈回右方起始位置時速率等於 v

(D) 當彈簧的壓縮量為最大時，系統的力學能為最小

(E) 當彈簧的壓縮量為最大時，系統的力學能為最大

46. 質量為 50 kg 的某生站在電梯內的體重計上，電梯原靜止於第一樓層，電梯起動後最初 10 s 體重計的讀數均為 60 kgw，之後 20 s 體重計的讀數均為 45 kgw。若取重力加速度為 10 m/s^2，則電梯經過 30 s 的位移為多少 m？

(A) 100　　(B) 150　　(C) 200　　(D) 250　　(E) 300

47. 質量分別為 M_1 與 M_2 的甲、乙兩衛星均繞地球作等速圓周運動，已知甲、乙衛星的軌道半徑分別為 R_1 與 R_2，則甲衛星繞地球的速率是乙衛星繞地球速率的多少倍？

(A) $\sqrt{\dfrac{R_1}{R_2}}$　　(B) $\sqrt{\dfrac{R_2}{R_1}}$　　(C) $\sqrt{\dfrac{M_1 R_1}{M_2 R_2}}$　　(D) $\sqrt{\dfrac{M_2 R_2}{M_1 R_1}}$　　(E) $\sqrt{\dfrac{M_1 R_2}{M_2 R_1}}$

48-49 為題組

現有 X, Y, Z, W, T, Q 六種元素，其相關敘述如下：

X 和 Y 均為第三週期的元素，其價電子數分別為 2 和 7；Z, W, T 均為第二週期元素，其價電子數依序為 4, 5, 6；Q 為第一週期的元素。根據以上資訊回答下列問題。

48. 下列有關 X 與 Y 所形成之化合物的敘述，何者**錯誤**？
 (A) 此化合物中 X 與 Y 之間的鍵結屬於離子鍵
 (B) 此化合物易溶於水
 (C) 將此化合物加熱成熔融態，則可導電
 (D) 此化合物具有延展性
 (E) 此化合物之化學式可以 XY_2 表示

49. 下列化學式代表由這些元素所形成的分子，其中哪一個分子的路易斯結構**不具有**孤電子對？
 (A) QY (B) ZQ_4 (C) WQ_3
 (D) ZT_2 (E) T_2

50. 圖 16 是甲與乙的溶解度曲線。下列有關溶解度與濃度的敘述，哪些正確？（應選 3 項）
 (A) 在 55℃ 時的溶解度甲＞乙
 (B) 在 40℃ 時，對溶質乙而言，在點①的濃度為 50 g/100 g 水
 (C) 在 20℃ 時，配製甲與乙的飽和溶液均會使水溫上升
 (D) 對溶質甲與乙而言，在點②的重量百分濃度相同

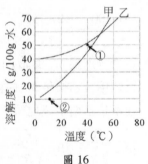

圖 16

(E) 將同在 60℃ 的甲與乙的飽和溶液，冷卻至 20℃時，析出的
　　質量甲＜乙

51-52 為題組

　　王同學進行基礎化學（二）化學電池的實驗，取 4 個燒杯，配
製了 4 種溶液並置入 4 種不同的電極，構成甲、乙、丙、丁 4 種半
電池（單電池）如表 3 所示：

　　上課時，張老師先解釋化學電池的原理：化學電池的陽極就是
負極，可釋出電子；陰極就是正極，可接受電子。此外，四種金屬
釋出電子的傾向大小依序為鋅＞鎳＞銅＞銀。圖 17 是鎳銅電池的
簡易裝置。圖中，鎳片置於負極，銅片置於正極，三用電表顯示約
0.57 V，此鎳銅電池的淨反應如下：

$$Ni(s) + Cu^{2+}(aq) \rightarrow Ni^{2+}(aq) + Cu(s)\cdots\cdots\cdots\cdots(1)$$

表 3

半電池	溶液（1M）	溶液顏色	電極
甲	硫酸鋅	無色	鋅片
乙	硫酸鎳（Ⅱ）	綠色	鎳片
丙	硫酸銅	藍色	銅片
丁	硝酸銀	無色	碳棒

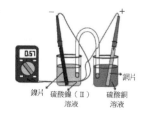

圖 17

51. 下列關於王同學所進行的實驗，哪些敘述正確？（應選 3 項）
　(A) 隨著反應式 (1) 的進行，右燒杯中硫酸銅的藍色會變淺
　(B) 隨著反應式 (1) 的進行，左燒杯中硫酸鎳（Ⅱ）的綠色會變淺
　(C) 若圖中燒杯的溶液不變，將電極片清洗後，交換電極片位置，
　　　則三用電表同樣可顯示約 0.57 V

(D) 若將鎳銅電池的裝置改為鋅銅電池，則三用電表的讀數會大
於 0.57 V

(E) 表 3 的丁半電池可使用碳棒來取代銀片，同理，鎳銅電池的
銅片亦可使用碳棒來取代

52. 由甲、乙、丙、丁的 4 種半電池，以圖 17 的方式連結兩半電池
時，共可構成幾種電流方向與鎳銅電池相同的電池？（不含鎳銅
電池）

(A) 1   (B) 2   (C) 3   (D) 4   (E) 5

53. 環烯烴的命名須先以環上雙鍵的
位置開始編號。若環上有取代基
時，則以最小的阿拉伯數字標示
取代基的位置。圖 18 結構（Ⅰ）
可命名為 4-甲基環戊烯，則下列
選項中，何者為結構（Ⅱ）的正
確中文系統名稱？

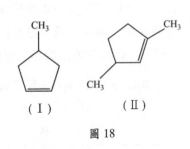

（Ⅰ）   （Ⅱ）

圖 18

(A) 1,2-二甲基環戊烯   (B) 1,3-二甲基環戊烯

(C) 1,4-二甲基環戊烯   (D) 3,5-二甲基環戊烯

(E) 2,4-二甲基環戊烯

54. 下列關於有機化合物的敘述，哪些正確？（應選 3 項）

(A) 烴分子中的氫原子被羧基取代而成的有機物屬於醇類化合物

(B) 甲醇是醇類中最簡單的化合物

(C) 乙醚是醚類中最簡單的化合物

(D) 丙酮是酮類中最簡單的化合物

(E) 丙酸與乙醇反應，可產生丙酸乙酯

55. 下列哪些與植物的有性生殖方式有關？（應選 2 項）
　　(A) 授粉
　　(B) 扦插苗
　　(C) 胎生苗
　　(D) 蕨類孢子繁殖
　　(E) 組織培養苗

56. 某地層中發現一種植物化石，下列何者可據以研判該化石是早期的被子植物？
　　(A) 有種子
　　(B) 有花粉
　　(C) 有子房
　　(D) 有維管束
　　(E) 有孢子

57. 下列何者是利用擴散作用的方式進行？
　　(A) 肺泡中，氧與二氧化碳的交換
　　(B) 胃液的分泌
　　(C) 腎的再吸收作用
　　(D) 植物根細胞自土壤吸收養分
　　(E) 小腸的吸收作用

58. 下列何種物質由人體某一組織產生後，分泌至血液中，經循環系統運送至其他組織或器官，以發揮調節的目的？
　　(A) ATP
　　(B) 抗體
　　(C) 激素
　　(D) 酵素
　　(E) 消化液

59. 下列有關抗體與抗原之敘述，哪些正確？（應選 2 項）
　　(A) 新生兒預防注射是注射病原體之抗體
　　(B) 抗體是由核酸組成之巨大分子
　　(C) 人體本身的抗原不可能誘發自身抗體之產生
　　(D) 毒蛇咬傷之患者可用對應蛇毒之抗體治療
　　(E) 抗體可對抗入侵人體的特定病原體

60. 下列敘述表達兩種生物間的關係，哪些屬於互利共生？（應選 3
項）

    (A) 魚與其以吸盤吸附的鯊魚

    (B) 地衣中的藻類和真菌

    (C) 菟絲子與其所攀附的牽牛花

    (D) 螞蟻與受其保護的蚜蟲

    (E) 豆科植物與其根部的根瘤菌

61. 某族群的平均出生率（實線）及平均死亡率（虛線），與此族群
    所依賴的資源量關係如圖 19。

    下列哪些正確？（應選 2 項）

    (A) 資源量的多少，不會影響
    族群的大小

    (B) 資源量長期小於 R 可能導
    致此族群滅絕

    (C) 資源量為 R 時，此族群之
    大小呈穩定狀態

    (D) 資源量的多少，不影響族群的平均出生率

    (E) 隨著資源量的增加，族群可以無限成長

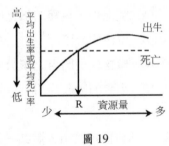

圖 19

62. 恆星的顏色與其表面溫度有關，表面溫度低則顏色偏紅，溫度高
    則偏藍。恆星的光譜型分類與其表面溫度有關。若有三顆恆星的
    顏色分別為藍、黃、紅，則它們的光譜型依序最可能為何？

    (A) G、B、K　　　　(B) B、A、M　　　　(C) A、M、K

    (D) O、G、M　　　　(E) O、K、G

63. 月球繞行地球的軌道為橢圓形，而月球、地球與太陽三者的相對位置，造成地球看到月球明亮那一面有圓缺現象。我國農曆將朔定為初一，一個朔望月週期約為 29.53 天。下列有關朔的敘述，何者正確？

(A) 在朔前後三天之內，月球最接近太陽

(B) 在朔前後三天之內，月球最接近地球

(C) 在朔前後三天之內，海水漲、退潮最不明顯

(D) 國曆每年都是十二次朔

(E) 朔當天，有可能發生日全食，但並非全球各地可見

64. 地質圖為岩層於地形圖上分布的狀況。岩層走向為岩層層面與水平面交線的延伸方向，而岩層傾斜方向與走向垂直。圖 20 為等高線及岩層甲（粗線條）出露於地表的分布，則該岩層的走向與傾斜方向為下列何種組合？

（等高線單位為公尺）

(A) 南北走向並向西傾斜

(B) 東西走向並向北傾斜

(C) 東西走向，岩層為水平

(D) 東西走向並向南傾斜

(E) 南北走向並向東傾斜

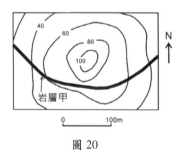

圖 20

65. 臺灣周圍有不同海（洋）流，冬季時，黑潮流經臺灣東部海域，中國沿海則有來自北方南下的冷流。圖 21 是臺灣附近

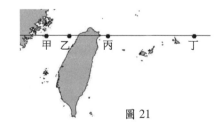

圖 21

海域的地圖，圖中甲、乙、丙、丁四處位於北緯 25 度線上。依據臺灣附近海域的流場，判斷下列哪一選項最符合冬季時，甲、乙、丙、丁四處海面溫度示意圖？

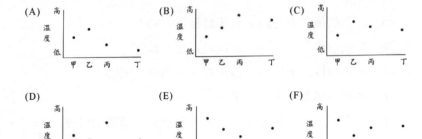

66. 圖 22 為夏季晴朗午後，海陸交界處的垂直溫度、氣壓結構示意圖，圖中實線與虛線可能表示等溫線或等壓線，甲、乙、丙、丁為四定點。下列選項中，哪些正確？（應選 2 項）

(A) 陸地氣壓隨高度的變化比海洋大

(B) 實線為等壓線，虛線為等溫線

(C) 丁點的氣壓值最大，所以空氣由丁流向乙

(D) 甲點的氣壓值最小，所以空氣由丙流向甲

(E) 乙點的氣壓值大於甲，所以空氣由乙流向甲

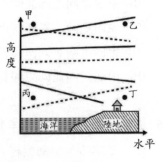

圖 22

67. 地殼均衡理論認為地殼是浮在地函之上。下列有關地殼均衡理論的描述，哪些正確？（應選 3 項）
   (A) 喜馬拉雅山的山根比臺灣中央山脈的山根淺
   (B) 冰川退卻後當地的地殼會逐漸抬升
   (C) 若質量相同，岩石密度較小的山比較高
   (D) 一般而言，大陸地殼比海洋地殼厚
   (E) 侵蝕作用不會使地殼抬升

68. 圖 23 中的甲、乙、丙為 2013 年 5 月連續一段時間的地面天氣圖，依據鋒面及周圍天氣系統的發展和移動，判斷這三張天氣圖時間的先後次序為何？

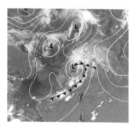 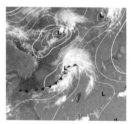 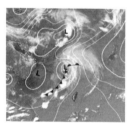

圖 23

   (A) 甲、乙、丙　　　　(D) 甲、丙、乙
   (C) 乙、丙、甲　　　　(D) 乙、甲、丙
   (E) 丙、甲、乙　　　　(F) 丙、乙、甲

105年度學科能力測驗自然科試題詳解

第壹部分

一、單選題

1. **A**

2. **D**

【解析】 甲乙兩組的差別在於是否有受到地球引力（重力）的
作用。

3. **E**

【解析】 此題考的是克卜勒行星第三定律，即行星公轉週期的
平方，和其橢圓軌道半長軸的三次方成正比。

$$T^2 \propto R^3 \Rightarrow \frac{T_1^2}{T_2^2} = \frac{R_1^3}{R_2^3} \Rightarrow \frac{1^2}{T_2^2} = \frac{150^3}{4500^3} \Rightarrow T_2 \doteqdot 160 \text{（年）}$$

故此題選 (E)。

4. **D**

【解析】 此題考的是電流的磁效應：安培定律、安培右手定則
安培定律：通有電流的長直導線周圍所建立磁場強弱
和導線上的電流大小成正比，和導線間的距離成反比。
安培右手定則：用來判斷感應磁場（或磁力線）的方向。
A. 電流方向：右手握住導線，大姆指指向電流的方向。
B. 磁場（或磁力線）方向：四指所指的方向。

根據安培定律、安培右手定則所畫出的磁場如下圖：
I 區域的磁場為全部射出紙面；II、IV 區域的磁場為部
分射出紙面，部分射入紙面；III 區域的磁場為全部射
入紙面。而對角線則為磁場抵銷為零的區域。

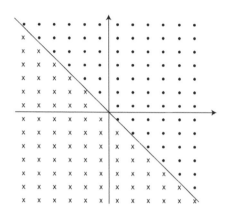

5. **C**

【解析】　此題考的是波粒二象性，即物質具有波動特性，又具
有粒子特性。根據題幹敘述，此題選 (C) 為最佳解：

　　A.『將光投射在金屬表面使其產生光電子』：為光電
　　　效應的敘述，表現的是光的粒子性。

　　B.『使其通過單狹縫後，……其分布呈現繞射條紋。』：
　　　為電子單狹縫繞射的敘述，表現的是電子的波動性。

6. **B**

【解析】　此題考的是週期波的判讀。

　　根據題幹敘述，『甲、乙兩點其鉛直位移之和恆為零。』
　　故甲、乙位置相距 λ/2 的奇數倍。因此，1.5cm 可能是
　　λ/2、3λ/2、5λ/2…，即波長可能為 3、1、0.6 (cm)…。

由附圖可判斷，該繩波的週期為 0.4s，因此其可能的
波速為 3/0.4、1/0.4、0.6/0.4 (cm/s)…，而 (B) 選項
7.5 cm/s = 3/0.4，故選 (B)。

7-8 為題組

7. **E**

【解析】 甲：Li；乙：C；丙：Ne；丁：Mg；戊：Cl；
非金屬有 C 跟 Cl，Cl 活性較大，故選 (E)。

8. **B**

【解析】 (A) Li 是金屬，不會形成分子化合物；

(B) 原子序 = 14 − 8 = 6，為 C 同位素，正確；

(C) Ne 為惰性氣體，很安定，不易形成化合物；

(D) Mg 為 IIA 族元素，會失去 2 個電子形成離子化合物；

(E) Cl 在第三週期。

9. **D**

【解析】 溶液重 86.2 − 84 = 2.2g；溶質重 84.7 − 84 = 0.7g

溶解度為 $\dfrac{0.7}{2.2 - 0.7} = \dfrac{7}{15} \approx \dfrac{46.7}{100}$，選 (D)。

10. **D**

【解析】 $7 \times \dfrac{12}{28} = 3g$，$33 \times \dfrac{12}{44} = 9g$，

$110.2 \times \dfrac{3}{12} + 393.5 \times \dfrac{9}{12} \approx 322.7$，選 (D)。

11. **E**

【解析】 (A) 醋酸不完全解離，且混合後酸鹼中和生成水，離子變少

(B) 混合後有硫酸銀沉澱，離子變少

(C) 混合後氯化銀沉澱，離子變少

(D) 混合後產生二氧化碳跟水，離子變少

(E) 混合後沒有反應發生，皆完全解離，故選 (E)。

12-13 為題組

12. **B**

【解析】 $\dfrac{0.4 \times 10^{-3}}{46} \times 2100 \approx 0.018$ ，選 (B)。

13. **A**

【解析】 對表得知，當變化量為 0.80 時，

呼氣中酒精濃度為 0.4 毫克/升 > 0.25 毫克/升

→ 超標。

14-15 為題組

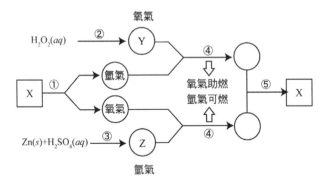

14. **B**

【解析】 4 的反應爲兩種氣體點燃反應，故需要助燃的氧氣及可燃氣體，Z 爲氫氣，故 X 分成的兩種物質，下方的爲氧氣，而 Y 爲過氧化氫反應後產生的氧氣，故 X 分成的兩種物質，上方的爲氫氣；可之 1 的反應爲水電解產生氫氣＋氧氣，4 爲氫燃燒再變回水，所以 X 爲水。

15. **D**

【解析】 活性金屬＋酸會產生氫氣，故 Z 爲氫氣。

16. **E**

【解析】 (A) 恰當，鯨的體重以噸計，而地磅站測量卡車，用的多也爲此單位。

　　　　(B) 恰當，菜市場的磅秤，多爲五公斤以內，嬰兒的體重也在這範圍內。

　　　　(C) 恰當，蛙卵爲肉眼可見，用直尺量即十分恰當。

　　　　(D) 恰當，葉肉細胞可由複式顯微鏡清楚的觀察。

　　　　(E) 不恰當，解剖顯微鏡難達到 1000 倍以上的放大，葉綠體難以清楚觀察，解剖顯微鏡主要用於觀察組織層次（多細胞）的解剖構造。

17. **D**

【解析】 具有雙層膜的構造有粒線體、葉綠體和細胞核。高基氏體、溶體、內質網與液胞都是單層膜。

18. **A**

【解析】 「遺傳的」染色體學說，就是用染色體的移動和分配，來解釋「遺傳結果」的學說，所以選項中涉及「染色體的移動和分配」，及非題目所要求的答案，(A) 選項雖有提及染色體，但是 DNA 與蛋白質相關的學問，是屬於分子生物學的範疇，而非遺傳的染色體學說。

19. **C**

【解析】 基因轉殖中，重組 DNA 的技術，是先從細菌（多半為大腸桿菌）中或得需要的質體做為載體，並以限制酶處理質體 DNA，使得環狀的質體 DNA 變成具有黏性端的線狀 DNA，混合目標 DNA（外源基因如胰島素基因等）後，再以 DNA 連接酶把現狀的質體 DNA 與目標 DNA，連接成新的環狀 DNA，最後在將此 DNA 送回細菌體內後，或得含有此重組 DNA 分子的新細菌，而此細菌就會分泌科學家所希望獲得的多肽分子（如胰島素）。此題可以 I 必為最後，III 必為第一步，做為答題技巧。

20. **B**

【解析】 因為此為隱性之性聯遺傳，且隱性基因為 X'，所以可知男性 1.7.10.12. 為 X'Y、3.5.8.9.11. 為 XY，女性 4.6. 為 X'X'，而因為 4. 的發病，可以推得 2.XX'，又因為發病的第一代 1. 必會提供給女兒一個 X'，所以 8. 為 XX'，而發病的 6. 必然會提供一個帶有 X' 的卵子，所以 9.11. 也為 XX'，意即此家族中未發病的女性，也都帶有一個隱性基因。

21. **D**

【解析】 宜蘭位於台灣東北部，為冬季東北季風首當其衝的迎
風面，因此 11-1 月的降雨應為三地最多。而台北與台
南相比，因台北位於北部，冬季受到東北季風影響，
降雨比台南多，而台南為於南部，基本上為夏雨冬乾
的氣候。因此甲乙丙分別為宜蘭、台北、台南，故此
題答案為 (D)。

22. **C**

【解析】 (A) 高緯度地區主要是因為太陽直射角度較小，所以
較低緯度地區寒冷。

(B) (E) 地球能量主要靠長波輻射散入外太空。

(D) 溫室氣體主要吸收地球反射的能量，使得散出的
能量減少，造成地球溫度上升。

故此題答案為 (C)。

23. **B**

【解析】 圖 8 是鋒面（溫帶氣旋）、圖 9 是颱風（熱帶氣旋）。
溫帶氣旋是因為兩種不同溫度的冷氣團與暖氣團交
會，熱空氣被往上抬升之後造成低氣壓，再因為科氏
力的影響之下，逆時針旋轉起來的效果。而熱帶氣旋
又稱為颱風，其結構較緻密，並有一個明顯的颱風眼。

(A) (C) 圖 8 在溫帶海面形成，並且為高空輻散所造成
（低氣壓皆為輻散）。

(D) 並無此現象。

(E) 只有圖 8 是兩不同溫度氣團交會形成。

故此題答案為 (B)。

24. **D**

【解析】 大氣的密度很低，因此一個星球要有足夠大的引力，才能在星球表面留得住大氣層。所以星球的質量為是否擁有大氣層的重要因素，月球的質量太小，因此留不住大氣，無法形成大氣層。故此題答案為 (D)。

25. **B**

【解析】 菲律賓海板塊為海洋板塊，其岩石組成以玄武岩為主，故此題答案為 (B)。

26. **D**

【解析】

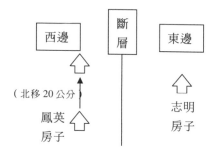

如圖，當志明面對斷層，看到鳳英的房子應為「向右移動 20 公分」，因此本斷層為右移斷層，故此題答案為 (D)。

27. **E**

【解析】 在晴朗接近無風的條件下，漁船的漂流方向並不會受到風力的影響，而是受到海流的影響，蘇澳為台灣東部，因此海流是向北流的黑潮，因此漁船將會向北漂流，故此題答案為 (E)。

28. **D**

【解析】 相對濕度越接近 100%，其溫度與露點溫度就越接近。
清晨時刻為一天中溫度最低的時候，此時的水氣最接
近飽和，相對濕度也最高，故此題答案為 (D)。

二、多選題

29. **BD**

【解析】 甲：486 nm → 492 nm

乙：486 nm → 500 nm

甲、乙的波長都變長，表示甲、乙兩星系接遠離地球，
所以發出來的氫原子光譜的波長變長（都卜勒效應）。
而甲的波長變化較大，表示星系甲遠離速率較快。故
此題答案為 (B)(D)。

30. **ACD**

【解析】 (A) 甲乙皆行自由落體，因此加速度皆為 $9.8 \, \text{m/s}^2$ 向下。

(B) 甲乙一者向上，一者向下，因此速度必不同。

(C) 甲乙兩時刻所在高度相同，因此重力位能相同。

(D) 甲乙兩時刻之速度量值相同（只是方向相反），因
此動能相同。

(E) 不一定相同。

故此題答案為 (A)(C)(D)。

31. **ABE**

【解析】 電磁爐是一種利用電磁感應的原理，讓金屬導體產生
渦電流後，經過電阻產生電流的熱效應，將電能迅速

　　　轉爲熱能，達到加熱金屬目的的器具。因此，無論是
　　　(A) 增加感應電動勢、(B) 感應電流、(E) 匝數與感應電
　　　動勢成正比，皆可加速煮熟食物。

32. **AB**

　【解析】(A) DNA 有含氮鹼基

　　　　　(B) 血紅素爲蛋白質，有 C、H、O、N、S

　　　　　(C) (D) (E) 脂肪、肝醣、纖維素成分僅有 C、H、O

33. **BC**

　【解析】(A) 錯誤，此敘述比較接近達爾文的學說。

　　　　　(B) 正確，孟德爾的研究中此結論占有很重要的份量。

　　　　　(C) 正確，孟德爾的研究中沒有討論「連鎖」的可能，
　　　　　　　所以得出「互不干擾」這個現在看來不完全正確的
　　　　　　　結論。

　　　　　(D) 錯誤，應該是小於。

　　　　　(E) 錯誤，豌豆的花有花瓣包裹的狀況，可以多少避免
　　　　　　　昆蟲授粉的干擾，是個十分良好的研究材料。

34. **CD**

　【解析】(A) 錯誤，t 爲隱性，因爲 TT 和 Tt 的顏色一樣。

　　　　　(B) 錯誤，褐色逐年變少。

　　　　　(C) (D) 正確。

　　　　　(E) 錯誤，此處無法得知族群大小。

35. **AC**

【解析】 原核生物國高中所學主要爲細菌和藍綠菌，所以可得答案爲 (A)(C)，酵母菌爲眞菌界生物，是一種眞核生物。

36. **AE**

【解析】 (A) 湧升流能深層較低溫的海水帶到表面，碰到較熱的空氣容易形成霧。

(B) 湧升流將較深層的營養鹽帶到有充足陽光的海水表面，因此在有湧升流區域，能使海中浮游生物大量繁殖，消耗海水中的氧氣，因此較附近水域溶氧量低。

(C) 深層鹽度較高的海水被湧升流帶到表面，因此鹽度較附近水域高。

(D) 通常湧升流海域的海水較不清澈。

(E) 低溫海水被帶至表面，因此溫度趨近一致，混合層的厚度較薄。

故此題答案爲 (A)(E)。

三、綜合題

37. **CE**

【解析】 (A) 小於。波長越長能量越小。

(B) 差很多。詳見 (C) 選項。

(C) 在同一時段提供相同的照明，消耗的能量比爲發光效率的倒數比，即 3000（油燈）：20（鎢絲）：4（螢光）：1（LED）。

(D) 爲 4 倍。詳見 (C) 選項。

(E) 爲 20 倍。詳見 (C) 選項。

38. **E**

【解析】 光的頻率越大能量越大，紫外線頻率大於紅外線，故
光子能量：紫外線大於紅外線，紫外線較容易打斷原
子間的鍵結，故選 (E)。

39. **C**

【解析】 (A) 生物冷光的波長介於 480～620 nm，已超過藍綠光
範圍。

(B) 白天晚上都會發出，且是光能，不是熱輻射。

(D) 因爲眞核細胞具有兩個鞭毛。

(E) 少數植物才有這個能力。

故此題答案爲 (C)。

40. **B**

【解析】 (A) M31 的距離爲 200 多萬光年，因此我現在看到它
發出的光爲 200 萬年前的光。

(B) 吸收光譜可以用來鑑定氣體或液體中所含的元素。
這種方法也可以用在不可能直接去測量的恆星表面
大氣出現的元素。

(C) 顏色越紅表示表面溫度越低。

(D) 表面溫度越高，顏色越偏藍。

(E) 星體的明亮程度爲視星等，與發光能量和距離遠近
有關，不能完全表示星體的距離。

故此題答案爲 (B)。

第貳部分

41-43 為題組

41. **D**

【解析】 此題考的是牛頓第二運動定律：

$$\vec{F} = m\frac{\Delta \vec{v}}{\Delta t} = 0.05 \times \frac{80}{0.2} = 20 \ (N)$$

42. **B**

【解析】 由關係圖可得知，鐵塊減少的位能和鐵樁深入距離成正比。鐵樁所受的平均阻力與鐵樁深入距離無關，故選 (B)。(關係式可詳見第 43 題)

43. **C**

【解析】 此題考的是力學能守恆：

力學能為動能與位能的總和。力學能守恆即物體在只受到保守力 (例如重力、彈力) 作功的情況下，力學能保持定值。

依照題幹敘述，鐵塊受重力作功，自由落下之後，根據力學能守恆，重力位能會轉換成動能，並以最初速率 v 進入岩層，而後鐵樁在岩層中受阻力作負功，使原先的動能抵銷為零。

關係式列式如下：

$$mg\,(h_1 - h_2) = F_{阻} \times (h_2 - h_3) = \frac{1}{2}mv^2$$

$$故\ v \propto \sqrt{h_2 - h_3}$$

根據關係式，圖形應為以 x 軸為對稱軸的拋物線，故選 (C)。

<u>44-45 為題組</u>

44. **ACE**

【解析】 此題考的是力學能守恆：

力學能為動能與位能的總和。力學能守恆即物體在只受到保守力（例如重力、彈力）作功的情況下，力學能保持定值。

依照題幹敘述，在沒有摩擦力的假設下，木塊與彈簧系統的力學能守恆，木塊動能造成彈簧壓縮，轉換為彈力位能儲存。

關係式列式如下：

$$\frac{1}{2}m\vec{v}^2 = \frac{1}{2}k\bar{x}^2 \Rightarrow x = v\sqrt{\frac{m}{k}}$$

(A) 對，詳見上圖關係式。

(B) 錯，應該改為木塊的『力學能』守恆。

(C) 對，根據力學能守恆，彈力位能會再度轉換回動能。

(D) 錯，根據虎克定律，彈力與彈簧伸縮量成正比。故當壓縮量達到最大時，彈力才最大。

(E) 對，理由同 (D) 選項。

45. **AB**

【解析】 當木塊與摩擦力之間有摩擦力，力學能不再守恆，但能量依然守恆，木塊的動能除了轉換為彈簧的彈力位能，也會被摩擦力作功給抵消。

關係式列式如下：

$$\frac{1}{2}mv^2 = \frac{1}{2}kx^2 + 摩擦力作功$$

$$\Rightarrow \frac{1}{2}mv^2 > \frac{1}{2}kx^2 \Rightarrow x < v\sqrt{\frac{m}{k}}$$

(A) 對，詳見上圖關係式。

(B) 對，因爲摩擦力作負功，彈回右方起始位置時速度小於 v。

(C) 錯，理由同 (B) 選項。

(D) 錯，系統的力學能在起始狀態時爲最大值，而後因爲摩擦力作負功，總力學能漸減。

(E) 錯，理由同 (D) 選項。

46. **E**

【解析】 此題考的是人在加速度電梯內的「視重」，示意圖如下：

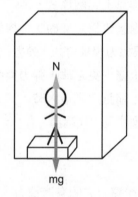

電梯內的人受到兩個力，一是地球給的重力 mg 向下，二是體重計給的正向力 N 向上，合力則爲 ma，可得關係式如下：

$$N - mg = ma$$
$$N = m(g + a)$$

根據題幹敘述，此題的過程可分為 0 到 10 秒及 10 到 30 秒兩段，並依照上面推得的關係式，將電梯的加速度求出如下：

$$N = mg + ma$$

0～10 秒：$60 \times 10 = 50 \times 10 + 50 \times a_1$

$$\Rightarrow a_1 = 2 \ (\text{m/s}^2) \uparrow$$

10～30 秒：$45 \times 10 = 50 \times 10 + 50 \times a_2$

$$\Rightarrow a_2 = -1 \ (\text{m/s}^2) \downarrow$$

$V - t$ 圖面積 $= 30 \times 20 \times \dfrac{1}{2} = 300$

$V - t$ 圖面積為位移，依求出的加速度可將 $V - t$ 圖畫出如下：

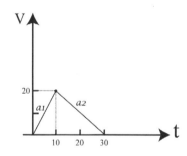

故此題選 (E)。

47. **B**

【解析】 此題考的是等速率圓周運動，由萬有引力提供為圓周運動的向心力：

$$F_1 = \frac{GM_{地} \times M_1}{R_1{}^2} = M_1 \frac{V_1{}^2}{R_1} \Rightarrow V_1 = \sqrt{\frac{GM_{地}}{R_1}}$$

$$F_2 = \frac{GM_{地} \times M_2}{R_2{}^2} = M_2 \frac{V_2{}^2}{R_2} \Rightarrow V_2 = \sqrt{\frac{GM_{地}}{R_2}}$$

故 $\dfrac{V_1}{V_2} = \sqrt{\dfrac{R_2}{R_1}}$　　故此題選 (B)。

48-49 為題組

X = Mg；Y = Cl；Z = C；W = N；T = O；
Q = H or He（但若要形成化合物，Q = H）

48. **D**

【解析】 XY 形成的化合物為離子化合物氯化鎂 $MgCl_2$，無延展性 (D) 錯。

49. **B**

【解析】 (A) QY = HCl，3 對孤電子

(B) $ZQ_4 = CH_4$，無孤電子

(C) $WQ_3 = NH_3$，1 對孤電子

(D) $ZT_2 = CO_2$，4 對孤電子

(E) $T_2 = O_2$，4 對孤電子

50. **ABD**

【解析】 (A) 由圖可知，50℃ 時溶解度曲線相交，

故 55℃ 時甲 > 乙；

(B) 由圖可知；

(C) 溫度上升，溶解度提高，可知甲乙溶解為吸熱反應

（20℃ 時切線斜率 > 0），故溶解後水溫會下降；

(D) 都在溶解曲線內，是未飽和溶液，故重量百分濃度
　　同；

(E) 溶解度相差較大的析出較多，故甲析出量 > 乙。

51-52 為題組

51. **ADE**

【解析】(A)(B) 隨著反應進行，銅離子變少（藍色變淡），鎳
　　　　　　離子變多（綠色變深）；

　　　　(C) 交換電極後，鎳還是會放電子，但是另一杯接電
　　　　　　子的變成水（鎳離子搶電子能力比水小），所以電
　　　　　　位會改變；

　　　　(D) Zn 活性 > Ni，所以電位 > 0.57V

　　　　(E) 陰極電極可用惰性電極替代。

52. **E**

【解析】電極活性大小順序：Zn > Ni > Cu

　　　　若 Zn 為陽極，陰極有 3 種選擇；若 Ni 為陽極，陰極
　　　　有 2 種（扣掉鎳銅電池剩下 1 種）；若 Cu 為陽極，陰
　　　　極僅 1 種，故 3 + (2 − 1) + 1 = 5，選 (E)。

53. **B**

【解析】碳編號如下圖，故命名為 1,3-二甲基環戊烯，選 (B)。

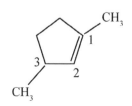

54. **BDE**

【解析】 (A) 只有烷類氫被 -OH 取代才是醇類化合物

(B) 正確

(C) 甲醚是醚類最簡單的化合物

(D) 正確

(E) 正確（酯類命名原則：A 酸＋B 醇 → A 酸 B 酯）

55. **AC**

【解析】 (A) 授粉為裸子植物和被子植物重要的有性生殖過程。

(B) 扦插苗為利用營養器官「莖」的無性生殖。

(C) 紅樹林植物如水筆仔等，在開花結果並且種子發育成熟後，種子會留在母株上先發育成小樹苗，此稱為胎生苗，胎生苗再適當的時機，會落地繼續成長。

(D) 孢子繁殖為一種無性生殖，蕨類的有性生殖發生在雌雄原葉體的配子結合。

(E) 組織培養為一種人為的無性生殖。

56. **C**

【解析】 (A) 錯誤，裸子植物也有種子。

(B) 錯誤，裸子植物也有花粉。

(C) 正確，指有被子植物會有子房。

(D) 錯誤，蕨類植物就有簡單的維管束系統。

(E) 錯誤，綠藻和苔蘚就有孢子。

57. **A**

【解析】 (B) 胃酸的分泌為主動運輸，把氫離子打進胃袋中。

(C) 腎的再吸收作用為主動運輸，把身體需要的物質再吸收回來。

(D) 根細胞吸收「養分」是主動運輸，「水份」才是主要靠擴散。

(E) 小腸的吸收為主動運輸，把身體需要的物質吸收進來。

58. **C**

【解析】 此題幹即為「激素」之定義。

(A) ATP 不會隨著血液循環。

(B) 抗體會對「病原」產生作用，而不是到其他組織或器官。

(D) 酵素多半也不會隨著血液循環，而隨血液循環的酵素，也是在血液中發揮作用，而非到特定器官或組織。

(E) 消化液不應該在血液之中。

59. **DE**

【解析】 (A) 錯誤，是「抗原」而非「抗體」，抗體是身體要製造的。

(B) 錯誤，抗體是由蛋白質組成。

(C) 錯誤，有可能，此即為過敏反應和自體免疫疾病的病因。

60. **BDE**

【解析】 (A) 片利共生，因為鯊魚並沒有獲得益處，但也沒有壞處。

(B) 互利共生，真菌提供水份與無機鹽，綠藻提供有
機養份。

(C) 寄生，菟絲子會吸收牽牛花的養分，直至牽牛花
死亡為止。

(D) 互利共生，螞蟻保護蚜蟲，蚜蟲提供高糖分之分
泌物。

(E) 互利共生，根瘤菌提供含氮養份，植物提供住所
與糖份等有機養份。

61. **BC**

【解析】 (A) (D) 族群大小的變化 = 出生 − 死亡，資源量會影響
出生，因此資源量會影響族群大小。

(B) 正確，因為資源量小於 R 時，出生 < 死亡，因此
族群大小會一直減少，直到族群消滅。

(C) 正確，因為資源量 = R 時，出生 = 死亡，因此族
群大小的變化 = 0，族群數量保持穩定。

(E) 錯誤，出生率成長到一個最大值之後，就會開始
下降，族群大小的增加速率變開始減少，說不定
資源量到一定的量之後，出生會小於死亡，此時
族群大小會開始變小，不會無限成長。

故此題答案為 (B)(C)。

62. **D**

【解析】

顏色	光譜型
藍色	「O」型
藍白色	「B」型
白色	「A」型

黃白色	「F」型
黃色	「G」型
橙色	「K」型
紅色	「M」型

故此題答案為 (D)。

63. **E**

【解析】 (A)(B) 月球最接近太陽的時候大約在地球運行到近日
點的時候；月球距離地球的距離都差不多。

(C) 因為日、地、越接近同一直線，因此漲退潮最明顯。

(D) 有時候一年會有 13 次朔。

故此題答案為 (E)。

64. **B**

【解析】 岩層走向為東西向（大致與粗線平行就是），而岩層越
往北邊，高度就越低，所以是往北邊傾斜。故此題答
案為 (B)。

65. **B**

【解析】

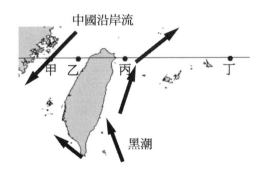

甲最靠近中國沿岸流（寒流）的主流，乙次之，溫度比甲稍高，而丙丁均受到黑潮暖流的影響，其中丙在主流，丁在比較偏旁邊的位置，所以溫度比丙稍降。
故此題答案為 (B)。

66. **BE**

【解析】 (A) 陸地氣壓隨高度變化較小，因為空氣團集中在乙、丁中間。

(B) 正確，乙的氣壓比甲高，丁的氣壓比丙低，氣壓線是越下面越高。

(D) 丙點氣壓值最大。

(D)(E) 甲點氣壓值最小，但空氣是由乙流向甲。

故此題答案為 (B)(E)。

67. **BCD**

【解析】 (A) 越高的山脈山根越深。

(E) 侵蝕作用將高的地形侵蝕完畢之後，下面得地函便會將根部往上抬（因為上面的重量變少了），所以地形反而是抬升。

故此題答案為 (B)(C)(D)。

68. **C**

【解析】 甲：囚錮鋒形成，因此應為最後順序。

乙：冷鋒的尾部仍有滯留鋒存在，表示冷暖氣團的勢力不相上下，應該是剛相遇的時候。

丙：冷鋒完整，表示冷氣團勢力增強。

因此正確順序為乙 → 丙 → 甲，故此題答案為 (C)。

105 年大學入學學科能力測驗試題
國文考科

第壹部分：選擇題（占 54 分）

一、單選題（占 30 分）

說明：第 1 題至第 15 題，每題有 4 個選項，其中只有一個是正確或
最適當的選項，請畫記在答案卡之「選擇題答案區」。各題
答對者，得 2 分；答錯、未作答或畫記多於一個選項者，該
題以零分計算。

1. 下列各組「」內的字，讀音相同的選項是：
   (A) 惺「忪」／弦聲錚「鏦」　　　(B) 「酖」毒／夫子「哂」之
   (C) 眼「瞼」／乘「蹇」驢來　　　(D) 「掇」拾／夜「縋」而出

2. 下列文句，完全**沒有**錯別字的選項是：
   (A) 這件事情牽涉的層面很廣，我們最好不要插手，暫且作壁上觀
   (B) 你們彼此惡性競爭，最後可能讓他作收漁利，豈不是太不聰明
   (C) 他完成攀登聖母峰的壯舉，一時聲名大躁，不少節目競相邀約
   (D) 這件藝品材質不佳，雕工也很粗躁，絕沒有店家所聲稱的價值

3. 依據下列林西莉《漢字的故事》的說明，「果」、「采」二字的造字
   方式應屬於：

「果」字的現代字形，看起來是由「田」和「木」組成，但如果看一看古老的字形，就會一目了然。甲骨文表現一棵樹，樹枝的頂端結著圓圓的果實。

我們在甲骨文的「采」字看到相同的樹，也看到了伸向果實的一隻手。

   (A) 象形／指事　　　　　　　　(B) 象形／會意
   (C) 指事／會意　　　　　　　　(D) 會意／象形

4. 下列文句「」內的詞，其意義和現今慣用詞語相同的選項是：

(A) 「小學」而大遺，吾未見其明也

(B) 胡老爹，這個事須是這般，你沒奈何，「權變」一權變

(C) 不費江東半分之力，已得十萬餘箭，明日即「將來」射曹軍

(D) 今歲春雪甚盛，梅花為寒所勒，與杏、桃相次「開發」，尤為奇觀

5. 下列各組「」內的字，前後意義相同的選項是：

(A) 不堪其苦，陰有歸「志」／費禕、董允等，此皆良實，「志」慮忠純

(B) 其西南「諸」峰，林壑尤美／工之僑以歸，謀「諸」漆工，作斷紋焉

(C) 往來桐城，必躬「造」左公第／洋洋乎與「造」物者遊，而不知其所窮

(D) 見漁人，乃大驚，問所「從」來／余與「從」者後，五步之內，已各不相見

6. 下列文句，最接近玉嬌龍與胡適二人所述意旨的選項是：

師娘，徒弟十歲起就隨你祕密練功，你給了我一個江湖的夢，可是有一天，我發現我可以擊敗你，你不知道我心裡有多害怕。我看不到天地的邊，不知道該往哪裡去。我又能跟隨誰？

你也許不能全然了解，生活和工作在一個沒有高手也沒有對手的社會裡——一個全是侏儒的社會——是如何的危險！每一個人，包括你的敵人，都盲目的崇拜你。既沒有人指導你，也沒有人啟發你。勝敗必須一人承擔。

(A) 欲窮千里目，更上一層樓

(B) 功名屬少年，知心惟杜鵑

(C) 揀盡寒枝不肯棲，寂寞沙洲冷

(D) 堪尋敵手共論劍，高處不勝寒

7. 下列是一段現代散文，請依文意選出排列順序最恰當的選項：

港灣旗鼓相當的兩座小丘在風暴肆虐時，

甲、伴隨船尾翻騰灰色浪沫，

乙、彷彿為了取暖而互相移近一點，

丙、又把岬角對立的小丘推開了一些，

丁、雨雲稀散，燈塔發放霧粒的黃色光亮時，

戊、正好容納一艘巨大的黑色島嶼般的商船緩緩駛過，

是搧著神經質的尖長羽翼的小燕鷗群，跟在船後快速地飛掠水面。（洪素麗〈莕之華〉）

(A) 乙丁丙戊甲　　　　　(B) 乙戊甲丙丁

(C) 戊丁乙丙甲　　　　　(D) 戊甲丙丁乙

8. 閱讀下文，選出依序最適合填入□□□□內的選項：

甲、日光初照的晨曦，樹林裡殘餘的夜霧加速稀釋，□□□□，宛如是大地的調息。（黃錦樹《烏暗暝》）

乙、走到沙丘高處，遠眺月牙泉。遊客遠了，言語笑聲遠了，可以聽到□□□□，很細微的叮嚀，像一種頌讚，也像心事獨白。（蔣勳《此生──肉身覺醒》）

丙、我們買了三株幼苗，沿著籬笆，種了一排。剛種下去，才三、四呎高，國祥預測：「這三棵柏樹長大，一定會超過你園中其他的樹！」果真，三棵義大利柏樹日後抽發得□□□□，成為我花園中的地標。（白先勇〈樹猶如此〉）

(A) 蒼茫游移／風中鳴沙／層巒疊嶂

(B) 蒼茫游移／孤雁哀啼／傲視群倫

(C) 氤氳吞吐／孤雁哀啼／層巒疊嶂

(D) 氤氳吞吐／風中鳴沙／傲視群倫

9-10 為題組

閱讀下文，回答 9-10 題。

　　謠言揭露祕密，這一點不可多得，故而珍貴異常。然而這雖是謠言的價值來源之一，卻不能解釋謠言為什麼流傳。黃金也因為稀有而珍貴，但人們卻不是使之流通，而是將它儲存起來。黃金和謠言有一個根本的差異──謠言的可信度並非永遠不變，萬一某個謠言被公眾確認為「謊言」，它便會壽終正寢，因此，謠言必須儘快使用，趁它尚有價值之際，從中獲取利益。事實上，當傳播者推心置腹地吐露隱情，與人分享祕密，他的形象便如同一位掌握了珍貴知識的人，在謠言的接收者眼中，散發出美妙的光輝。

　　儘管謠言總有其源頭，但推動謠言的力量還是在聽到謠言並且傳播謠言的人身上。謠言的說服力是隨著它接觸到的人越多而越加增強的。人們聽到謠言，常會從自己的角度來豐富謠言，甚至提供其他的論據來證實謠言。在這個「滾雪球」效應裡，人們把謠言變成自己的，在裡面投進自己的想像和幻覺。(改寫自〔法〕讓‧諾埃爾‧卡普費雷《謠言──世界最古老的傳媒》)

9. 依據上文，選出符合作者想法的選項：
   (A) 謠言因揭人隱私而為人所憎，故無法如黃金般保值
   (B) 即使被證實為虛構，謠言仍會如滾雪球般繼續傳播
   (C) 謠言傳播者未必心懷惡意，大多只想藉此贏得注目
   (D) 人們常透過謠言製造幻覺，藉以掩飾對真相的恐懼

10. 下列甲、乙兩項推斷，符合上文論述邏輯的選項是：
    甲、傳播者的形象越好，謠言的可信度越高。
    乙、傳播者的人數越多，謠言的說服力越低。
    (A) 甲、乙皆正確　　　　　　(B) 甲、乙皆錯誤
    (C) 甲錯誤，乙無法判斷　　　(D) 甲無法判斷，乙錯誤

<u>11-12 為題組</u>

閱讀下文，回答 11-12 題。

　　羿在垃圾堆邊懶懶地下了馬，家將們便接過韁繩和鞭子去。他剛要跨進大門，低頭看看掛在腰間的滿壺的簇新的箭和網裡的三隻烏老鴉和一隻射碎了的小麻雀，心裡就非常躊躇。但到底硬著頭皮，大踏步走進去了，箭在壺裡豁朗豁朗地響著。剛到內院，他便見嫦娥在圓窗裡探了一探頭。他知道她眼睛快，一定早瞧見那幾隻烏鴉的了，不覺一嚇，腳步登時也一停——但只得往裡走。使女們都迎出來，給他卸了弓箭，解下網兜。他彷彿覺得她們都在苦笑。「太太……」他擦過手臉，走進內房去，一面叫。嫦娥正在看著圓窗外的暮天，慢慢回過頭來，似理不理地向他看了一眼，沒有答應。這種情形，羿倒久已習慣的了，至少已有一年多。他仍舊走近去，坐在對面的鋪著脫毛的舊豹皮的木榻上，搔著頭皮，支支吾吾地說——「今天的運氣仍舊不見佳，還是只有烏鴉……」「哼！」嫦娥將柳眉一揚，忽然站起來，風似地往外走，嘴裡咕嚕著，「又是烏鴉的炸醬麵！又是烏鴉的炸醬麵！你去問問去，誰家是一年到頭只吃烏鴉肉的炸醬麵的？」（魯迅〈奔月〉）

11. 文中羿與嫦娥言語失和的原因，最可能的選項是：
    (A) 羿不務正業，只知狩獵遊樂而不照顧嫦娥
    (B) 羿的狩獵成果，無法滿足嫦娥的生活所需
    (C) 嫦娥不想再過僕傭簇擁的生活，羿卻不然
    (D) 嫦娥掌握家中大權，把羿當成僕傭來使喚

12. 下列關於文中描寫的敘述，**不恰當**的選項是：
    (A) 嫦娥「風似地往外走」，意在強調嫦娥的輕盈敏捷
    (B) 「羿在垃圾堆邊懶懶地下了馬」，暗喻羿的困頓處境
    (C) 木榻「鋪著脫毛的舊豹皮」，暗指羿被現實生活不斷消磨
    (D) 「她們（使女）都在苦笑」，其實是羿個人內心感受的投射

<u>13-14 為題組</u>

閱讀下文，回答 13-14 題。

　　山東人娶蒲州女，（蒲州女）多患癭，其妻母項癭甚大。成婚
數月，婦家疑婿不慧。婦翁置酒，盛會親戚，欲以試之。問曰：
「某郎在山東讀書，應識道理。鴻鶴能鳴，何意？」曰：「天使其
然。」又曰：「松柏冬青，何意？」曰：「天使其然。」又曰：「道
邊樹有骨肬，何意？」曰：「天使其然。」婦翁曰：「某郎全不
識道理，何因浪住山東？」因以戲之，曰：「鴻鶴能鳴者，頸項
長；松柏冬青者，心中強；道邊樹有骨肬者，車撥傷。豈是天
使其然？」婿曰：「請以所聞見奉酬，不知許否？」曰：「可言
之。」婿曰：「蝦蟆能鳴，豈是頸項長？竹亦冬青，豈是心中強？
夫人項下癭如許大，豈是車撥傷？」婦翁羞愧，無以對之。（侯白
《啓顏錄》）

13. 依據文意，選出敘述正確的選項：

　　（A）岳父為了彰顯蒲州人的聰明博學，故刻意
　　　　　安排即興問答

　　（B）對岳父的問題，女婿皆以「天使其然」回應，故被嘲笑

　　（C）女婿四處漂泊，暫時寄居山東，故有「浪住山東」之說

　　（D）女婿舉出蝦蟆、竹子及新婚妻子為證，反駁岳父的戲謔

> 項癭：頸瘤。
>
> 骨肬：指樹瘤。

14. 女婿面對岳父的戲謔，以岳父的思維模式加以回應，因而改變形
　　勢。下列人物應答時使用的語言技巧，與文中女婿相同的選項是：

　　（A）（馮諼）辭曰：「責畢收，以何市而反？」孟嘗君曰：「視吾
　　　　　家所寡有者。」

　　（B）諸葛令、王丞相共爭姓族先後，王曰：「何不言葛、王，而云
　　　　　王、葛？」令曰：「譬言驢、馬，不言馬、驢，驢寧勝馬邪？」

(C) 賈母問他：「可扭了腰了不曾？叫丫頭們捶一捶。」劉姥姥道：「那裡說的我這麼嬌嫩了？那一天不跌兩下子，都要捶起來，還了得呢！」

(D) 一個較有年紀的說：「該死的東西！到市上來，只這規紀亦就不懂？要做什麼生意？汝說幾斤幾兩，難道他的錢汝敢拿嗎？」「難道我們的東西，該白送給他的嗎？」參不平地回答

15. 下列符合管仲對自己描述的選項是：

管仲曰：「吾始困時，嘗與鮑叔賈，分財利，多自與，鮑叔不以我為貪，知我貧也。吾嘗為鮑叔謀事，而更窮困，鮑叔不以我為愚，知時有利不利也。吾嘗三仕三見逐於君，鮑叔不以我為不肖，知我不遭時也。吾嘗三戰三走，鮑叔不以我為怯，知我有老母也。公子糾敗，召忽死之，吾幽囚受辱；鮑叔不以我為無恥，知我不羞小節，而恥功名不顯於天下也。生我者父母，知我者鮑子也！」。（《史記·管晏列傳》）

(A) 治國才能不如鮑叔牙　　(B) 因鮑叔牙提拔而顯名

(C) 謀大事難免不拘小節　　(D) 未因功名而不顧小節

二、多選題（占 24 分）

說明：第 16 題至第 23 題，每題有 5 個選項，其中至少有一個是正確的選項，請將正確選項畫記在答案卡之「選擇題答案區」。各題之選項獨立判定，所有選項均答對者，得 3 分；答錯 1 個選項者，得 1.8 分；答錯 2 個選項者，得 0.6 分；答錯多於 2 個選項或所有選項均未作答者，該題以零分計算。

16. 下列文句畫底線處的詞語，運用正確的選項是：

(A) 李博士的精采引言帶動與會者的熱烈討論，充分達到拋磚引玉的效果

(B) 被告殺害父母，且全無悔意，檢察官認為他<u>罪不容誅</u>，主張求處死刑

(C) 現正值流感高峰期，民眾<u>風聲鶴唳</u>，非萬不得已，都避免到公共場所

(D) 陳伯伯和陳伯母鶼鰈情深，總是同進同出，<u>形影相弔</u>，真是令人歆羨

(E) 當時警匪對峙，雙方皆子彈上膛，眼看槍戰一觸即發，情勢<u>間不容髮</u>

17. 右圖是一則戒菸廣告，「持槍」的剪影用來類比「持菸」的手勢，意謂兩者同具危險性。下列文句「；」的前後，具有類似表意方式的選項是：

(A) 居廟堂之高，則憂其民；處江湖之遠，則憂其君

(B) 物不產於秦，可寶者多；士不產於秦，而願忠者眾

(C) 欲流之遠者，必浚其泉源；思國之安者，必積其德義

(D) 貨惡其棄於地也，不必藏於己；力惡其不出於身也，不必為己

(E) 松柏後凋於歲寒，雞鳴不已於風雨；彼眾昏之日，固未嘗無獨醒之人也

18. 文學作品常將個人的情感投射到外在景物，再透過對景物的狀寫，反映出人物的情思。例如〈聽海〉的歌詞：「聽海哭的聲音，嘆息著誰又被傷了心，卻還不清醒。……聽海哭的聲音，這片海未免也太多情，悲泣到天明。」表面上是海在悲泣，其實真正哭泣、嘆息的是聽海的人。下列文句，運用這種手法的選項是：

(A) 白雲迴望合，青靄入看無

(B) 青青河畔草，綿綿思遠道

(C) 紅燭自憐無好計，夜寒空替人垂淚

(D) 千里鶯啼綠映紅，水村山郭酒旗風

(E) 行宮見月傷心色，夜雨聞鈴腸斷聲

19. 儒家認為人擁有主體性和道德意志，故能志學進德、踐仁臻聖；此亦孔子「仁遠乎哉？我欲仁，斯仁至矣」之意。下列文句，表達上述意涵的選項是：

(A) 里仁為美。擇不處仁，焉得智

(B) 舜何人也？予何人也？有為者亦若是

(C) 譬如為山，未成一簣，止，吾止也；譬如平地，雖覆一簣，進，吾往也

(D) 輿薪之不見，為不用明焉；百姓之不見保，為不用恩焉。故王之不王，不為也，非不能也

(E) 我未見好仁者、惡不仁者。好仁者，無以尚之；惡不仁者，其為仁矣，不使不仁者加乎其身。有能一日用其力於仁矣乎？我未見力不足者

20. 透過電腦演算搜集數據，已廣泛應用於各領域，對文獻研究也頗有助益。下列關於古代文獻和數據分析的敘述，正確的選項是：

(A) 透過北宋文人書信中出現的人名，可大致勾勒出他們的交友網絡

(B) 統計南宋詞家所用的詞牌，可推論出南宋詞在敘寫內容上的特色和演變

(C) 統計分析白居易詩的韻腳，有助於推斷白居易情感表達和韻腳運用的關係

(D) 若以「人主」、「人臣」二詞搜尋先秦思想典籍，應該會有不少資料集中於《韓非子》

(E) 舊說《紅樓夢》作者或非一人，若比較各回的遣詞風格，應可獲得討論作者問題的相關證據

21. 閱讀下列二文，選出符合作者觀點的選項：

甲、藏書畫者，多取空名，偶傳爲鍾、王、顧、陸之筆，見者爭售，此所謂「耳鑒」。又有觀畫而以手摸之，相傳以謂色不隱指者爲佳畫，此又在耳鑒之下，謂之「揣骨聽聲」。（沈括《夢溪筆談》）

> 鍾、王、顧、陸：指鍾繇、王羲之、顧愷之、陸探微等四人，皆魏晉南北朝書畫家。

> 色不隱指：意謂畫面視覺上看似立體，手指觸覺上卻是平滑。

乙、書畫之妙，當以神會，難可以形器求也。世之觀畫者，多能指摘其間形象、位置、彩色瑕疵而已，至於奧理冥造者，罕見其人。如彥遠《畫評》言：「王維畫物，多不問四時，如畫花，往往以桃、杏、芙蓉、蓮花同畫一景。」（沈括《夢溪筆談》）

(A) 耳鑒經由名家認可，是評斷書畫作品優劣的重要參考

(B) 耳鑒雖然是甄別畫作的好方法，但不如以手摸畫確實

(C) 世人品鑒書畫，往往重視創作者的名聲及其表現技巧

(D) 高妙的畫境可由創作者自由創造，不必符合真實情境

(E) 畫作好壞關鍵在於形象是否逼肖、空間布置是否妥適

22. 適當運用典故，可豐富文章內涵，也可使表意委婉含蓄。關於下列文句使用典故的目的，詮釋正確的選項是：

(A) 是以郢書燕說，猶存其名；晉乘楚杌，語多可採——連橫以燕相穿鑿附會郢人書信事，說明臺灣舊有史籍頗多誤謬闕漏

(B) 釃酒臨江，橫槊賦詩；固一世之雄也，而今安在哉——客用曹孟德之典，意在強調年命雖不可永，但事功終不爲人所忘

(C) 故西伯幽而演易，周旦顯而制禮，不以隱約而弗務，不以康樂而加思——曹丕藉西伯、周旦二人之事，指出人的創作意識會隨境遇不同而調整修正

(D) 聖人無常師。孔子師郯子、萇弘、師襄、老聃——韓愈引孔子之例，闡明「術業有專攻」、「師不必賢於弟子」，使士大夫恥於從師的觀念不攻自破

(E) 蜀清守丹穴，利甲天下，其後秦皇帝築女懷清臺——歸有光藉巴蜀寡婦事，申明不甘久處於敗屋、終將有所爲的抱負，同時表達對祖母、母親的感念

23. 閱讀下列二詩，選出敘述正確的選項：

> 洛夫〈客心洗流水，餘響入霜鐘——贈李白〉
> 　客人乘醉而去
> 　心情寂寂如廊下羅列的空酒罈
> 　洗手時驟然想起當年
> 　流放夜郎的不甘不快以及一點點不在乎
> 　水盆裡從此風波不息
> 　餘年的豪情已化作煉丹爐中的裊裊
> 　響亮的詩句如風鈴懸遍了尋常百姓的廊簷
> 　入世出世豈在酒與月亮之辨
> 　霜飛髮揚，最後他在
> 　鐘聲裡找到赤裸的自己

> 李白〈聽蜀僧濬彈琴〉
> 　蜀僧抱綠綺，西下峨眉峰。
> 　爲我一揮手，如聽萬壑松。
> 　客心洗流水，餘響入霜鐘。
> 　不覺碧山暮，秋雲暗幾重。
>
> 　　　　綠綺：琴名。

(A) 洛夫詩的「客人」和「他」，即李白詩的「蜀僧濬」

(B) 洛夫詩以「廊下羅列的空酒罈」比喻李白懷才不遇的落寞

(C) 李白詩的「暮」、「秋」和洛夫詩的「霜飛」，都含有對時間的感懷

(D) 李白詩的「流水」和洛夫詩的「水盆風波不息」，都形容心情的洶湧紛亂

(E) 洛夫詩借李白原詩的兩句加以延展，呈現李白的生命際遇和波折後的體悟

第貳部分：非選擇題（共三大題，占54分）

說明：本部分共有三題，請依各題指示作答，答案必須寫在「答案卷」上，並標明題號一、二、三。作答務必使用筆尖較粗之黑色墨水的筆書寫，且不得使用鉛筆。

※學校將舉辦一場學習成果展，主題為「改變與轉化」，以下第一、第二大題是你應完成的任務：

一、候選素材說明（占9分）

　　宇宙及人世間許多現象呈現出改變和轉化的軌跡，如落花化作春泥、咖啡渣成為製衣的原料、老屋再生為新的文化空間、或是改變耕作方式，重新找回土地的生命……。請就相關知識或見聞，**提出一項事例，並說明所選事例和成果展主題間的關聯**，以參加甄選。文長約100-150字（約5-7行）。

二、參展素材分析（占18分）

　　某組選擇琦君〈髻〉為素材，擬透過女子因青絲的改變，而心境有所轉化，來詮釋展覽主題。該組將根據框線內節錄的文字，說明：**五叔婆、母親、姨娘的頭髮曾出現哪些生理上、髮式上的變化？其中反映出她們面對人生的哪些心態、感受，以及調適之道？**你是該組成員，請協助完成分析。文長約250-300字（約12-14行）。

　　一到七月七，家家戶戶的女人都要有一大半天披頭散髮。比如我的五叔婆吧，她既矮小又乾瘦，頭髮掉了一大半，卻用墨炭畫出一個四四方方的額角，又把樹皮似的頭頂全抹黑了。洗過頭以後，墨炭全沒有了，亮著半個光禿禿的頭頂，只剩後腦勺一小撮頭髮，飄在背上，在廚房裡搖來晃去幫我母親做飯。可是母親烏油油的柔髮卻像一匹緞子似的垂在肩頭，微風吹來，一綹綹的短髮不時拂著她白嫩的面頰。我心裡在想，如果爸爸在家，看見媽媽這一頭烏亮的好髮，一定會上街買一對亮晶晶的水鑽髮夾給她。父親不久回來了，沒有買水鑽髮夾，卻帶回一位姨娘。……我們全家搬到杭州以後，母親不必忙廚房，而且許多時候，父親要她出來招呼客人，她那尖尖的螺絲髻兒實在不像樣，所以父親一定要她改梳一個式樣。母親就請她的朋友張伯母給她梳了個鮑魚頭。在當時，鮑魚頭是老太太梳的，母親才過三十歲，卻要打扮成老太太，姨娘看了只是抿嘴兒笑，父親就直皺眉頭。……她（劉嫂）每天早上十點鐘來，給姨娘梳各式各樣的頭，什麼鳳凰髻、羽扇髻、同心髻、燕尾髻，常常換樣子，襯托著姨娘細潔的肌膚，嬝嬝婷婷的水蛇腰兒，越發引得父親笑瞇了眼。劉嫂勸母親說：「大太太，你也梳個時髦點的式樣嘛。」母親搖搖頭，響也不響。……

　　我長大出外讀書以後，寒暑假回家，偶然給母親梳頭，頭髮捏在手心，總覺得愈來愈少。想起幼年時，每年七月初七看母親烏亮的柔髮飄在兩肩，她臉上快樂的神情，心裡不禁一陣陣酸楚。在上海求學時，母親來信說她患了風溼病，手膀抬不起來，連最簡單的螺絲髻兒都盤不成樣，只好把稀稀疏疏的幾根短髮剪去了。不久，姨娘因事來上海。自從父親去世以後，母親和姨娘反而成了患難相依的伴侶，母親早已不恨她了。她穿著灰布棉袍，鬢邊戴著一朵白花，頸後垂著的再不是當年多采多姿的鳳凰髻或同心髻，而是一條簡簡單單的香蕉卷。她臉上脂粉不施，顯得十分哀戚。……

　　來臺灣以後，姨娘已成了我唯一的親人，當年如雲的青絲，如今也漸漸落去，只剩了一小把，且已夾有絲絲白髮。

三、引導寫作（占 27 分）

　　104年8月8日，蘇迪勒颱風來襲，臺北市龍江路有兩個郵筒遭強風吹落的招牌砸歪，因而被戲稱爲「歪腰郵筒」。由於歪腰郵筒姿勢可愛，民眾紛紛到該地拍照，使「受災」郵筒意外產生療癒功效。此一新聞甚至引起外國媒體注意，美、日皆對臺灣人民在天災及苦悶的生活中所展現出的幽默感印象深刻。稍後，中華郵政更推出特製郵戳（右圖）及「人生嘛，歪腰也無妨」等一系列主題式明信片，頗受歡迎。

　　請就上述新聞事件，**以「我看歪腰郵筒」爲題**，寫一篇完整的文章，陳述你的看法、感想、或評論，**內容須切合「歪腰郵筒」所引發的現象或迴響**，文長不限。

105年度學科能力測驗國文科試題詳解

第壹部分：選擇題

一、單選題

1. **C**

　　【解析】 (A) ㄙㄨㄥ／ㄔㄨㄥ

　　　　　　(B) ㄓㄣˋ／ㄓㄣˇ

　　　　　　(C) ㄐㄧㄢˇ／ㄐㄧㄢˇ

　　　　　　(D) ㄅㄨㄛˊ／ㄓㄨㄟˋ

2. **A**

　　【解析】 (B) 「坐」收漁利。

　　　　　　(C) 聲名大「噪」。

　　　　　　(D) 粗「糙」。

3. **B**

　　【解析】 由「甲骨文表現一棵樹，樹枝的頂端結著圓圓的果實」
　　　　　　可知是「根據物體的形象描繪而成文字的造字方法」
　　　　　　——象形。而「采」合「手」與「果」二文成字，屬
　　　　　　於「合成兩個以上的字表示一個意義的造字法」——
　　　　　　會意。

4. **B**

　　【解析】 (A) 小學：學習句讀之學／實施初級教育的學校。

　　　　　　(B) 權變：隨機應變。

(C) 將來：拿來／未來。

(D) 開發：開花／開拓、開闢。

5. **A**

【解析】(A) 意念、想法。

(B) 眾多的／之於。

(C) 到／創造。

(D) 由、自／隨侍的人。

6. **D**

【解析】玉嬌龍打敗師娘後「看不到天地的邊」，與胡適說的「沒有高手也沒有對手」，同樣指這種在技藝或修為上的境界越高，越沒有能夠匹敵的人而引發的孤寂感。

(A) 精益求精。

(B) 年華老去，功名未成，而有不如歸去之嘆。

(C) 高潔自許，寧可孤寂冷清也不願隨波逐流。

(D) 希望能找到可匹敵的對手一起切磋劍術，可惜境界太高，對手難尋而感到孤獨寂寥。

7. **A**

【解析】在「風暴肆虐時」後接採取的行動，故接（乙）「彷彿為了取暖而互相移近一點」；（丙）的「推開了一些」與（乙）相反，應是另一種情況——即（丁）「雨雲稀散……時」，故（乙）後接（丁）（丙）。因為「推開」而有了空間「容納一艘巨大的黑色島嶼」，故接（戊）。這艘巨大的船「緩緩駛過」則是船尾的景象，故接（甲）。

8. **D**

【解析】 (甲) 前文說的是「樹林裡殘餘的夜霧加速稀釋」，故選擇「氤氳」(煙雲瀰漫的樣子)。

(乙) 在沙丘高處聽到了細微聲響，像一種頌讚，選「風中鳴沙」為宜。

(丙) 三棵柏樹長成花園中的地標，可知其高大突出，故選「傲視群倫」。

9-10 為題組

9. **C**

【解析】 (A) 應是因「謠言的可信度並非永遠不變」，當謠言被確認為謊言便無價值。

(B) 謠言被確認為謊言「便會壽終正寢」。

(C) 由謠言散播者的「形象如同一位掌握了珍貴知識的人」，在接收者眼中「散發出美妙的光輝」可知。

(D) 人們從自己的角度提供論據豐富謠言，投入自己的想像與幻覺。並未藉此掩飾對真相的恐懼。

10. **D**

【解析】 (甲) 上文未提及「傳播者的形象」與可信度之間的關係。

(乙) 由「謠言的說服力是隨著他接觸到的人越多而越加增強的」可知錯誤。

<u>11-12 爲題組</u>

11. **B**

【解析】 從羿回到家被嫦娥看到網裡的烏鴉「不覺一嚇，腳步也登時一停——但也只得往裡走」，到嫦娥抱怨「又是烏鴉的炸醬麵，……，誰家是一年到頭只吃烏鴉肉的炸醬麵的？」可知嫦娥不滿羿的狩獵成果與羿能提供的生活所需。

12. **A**

【解析】 (A) 嫦娥「風似的往外走」是對羿獵得烏鴉回來不滿的表現。

<u>13-14 爲題組</u>

13. **B**

【語譯】 有個山東人娶了蒲州女子，蒲州女子常患頸瘤的病，他的丈母娘就長了一個頗大的頸瘤。成婚幾個月後，妻子家裡疑心女婿不聰明。於是丈人準備了酒席，邀請了許多親戚來，想試試女婿。丈人問女婿：「你在山東讀書，應該明白事理。鴻鶴爲什麼能鳴叫呢？」女婿回答：「天生如此。」丈人又問：「松柏冬天長青不凋萎，又是爲什麼？」女婿答道：「天生如此。」丈人再問：「路邊樹木長出突起的樹瘤，這是爲什麼？」女婿仍道：「天生如此。」丈人便說：「你根本不懂事理，白在山東讀書了！」因而戲謔地說：「鴻鶴能鳴叫，是因爲脖子長；松柏冬天長青不凋萎，是因爲樹幹中心堅實；路邊樹木有突起的樹瘤，是被車碰撞受傷。」

女婿說：「容我以我的見聞回應您的說法，可以嗎？」丈人回道：「可以說說看。」女婿便說：「蝦蟆能鳴叫，難道是脖子長嗎？竹子冬天也長青不凋，難道是樹幹中心堅實嗎？丈母娘脖子上的瘤這麼大，難道是被車撞傷了？」丈人聽了十分羞愧，無言以對。

14. **B**

【解析】 諸葛令與王導爭論姓族排名先後，王導認為王姓高於諸葛姓，以大家提到此二姓時都稱「王、葛」為論據。諸葛令認為此不能證明王姓高於諸葛，就舉人一般稱「驢、馬」，驢在馬之前，並非驢優於馬。以王導的論述方式做出有力的反駁。

15. **C**

【語譯】 管仲說：「一開始我困窮時，曾和鮑叔牙合夥做生意，分財利時，給自己分得比較多，鮑叔牙不認為我貪心，他知道我家裡窮。我曾為鮑叔牙籌謀，卻使情況更困窘，鮑叔牙不認為我愚笨，他知道事情成敗與時機有關。我曾經多次出仕都被君王罷黜，鮑叔牙不認為我不賢，他知道我沒遇上賞識我的人。我曾經多次出戰卻臨陣脫逃，鮑叔牙不認為我怯懦，他知道我家有老母需奉養。公子糾爭位失敗被殺，召忽盡人臣之節隨之而死，我沒這樣做而被囚禁受辱，鮑叔牙不認為我無恥，他知道我不以未守小節為恥，而以未能成就大業，彰顯功名於天下為恥。生我的是父母，了解我的卻是鮑子啊！」

二、多選題

16. **BCE**

【解析】 (A) 比喻以自己先發表的粗陋詩文或不成熟的意見，引出別人的佳作或高論。是自謙之詞。

(B) 判處死刑還抵償不了所犯罪行。比喻罪大惡極。

(C) 形容極為驚慌疑懼。

(D) 形容孤獨無依。

(E) 距離十分相近，中間不能容納一絲毫髮。比喻情勢危急。

17. **BCE**

【解析】 (A) 身處不同狀態時的心態。映襯。

(B) 以秦王多用異國之珍寶，類比他國之士也多有可用之人。

(C) 以要河水流得長遠必須疏濬源頭，類比要國家長治久安便要積德行義。

(D) 分論「物盡其用，人盡其才」。

(E) 以松柏在寒冬不凋與雞於風雨昏晦之時仍報時不輟，類比在亂世中仍有守節不屈的人。

18. **CE**

【解析】 (A) 白雲繚繞，在回望中合成一片；青靄迷茫，走進山中，卻看不見了。／純寫景。

(B) 河畔的青草，綿延不絕的生長至遠方，讓我想起遠方的丈夫。／以青草起興，觸景生情。

(C) 紅燭自憐沒有好辦法消除人的淒涼，只能在寒夜中爲人垂淚。／將人的淒涼感投射到蠟燭上。

(D) 千里江南，到處鶯聲婉轉，桃紅柳綠，一派春意盎然的景象。在臨水的村莊，依山的城郭，到處都有迎風招展的酒旗。／寫江南春景。

(E) 行宮裡望月，覺得月色淒然；雨夜聽到鈴聲，也覺得聲中帶悲。／因心中悲傷而使得所見所聞均染上愁思。

19. BCDE

【解析】(A) 居住在有仁德的地方才是好的。選擇住處，不住在有仁德的地方，怎麼能算有智慧呢？

(B) 舜是什麼樣的人？我又是什麼樣的人？有作爲的人應該要像舜這樣。／以聖賢爲楷模，相信能努力達到聖賢的境界。

(C) 強調爲學進德操之在己。

(D) 一車柴薪都看不見，是因爲他不肯用眼力看的緣故；百姓沒有受到保護，是因爲王不肯施用恩惠。所以王您所以不能成就王業，是不肯做，而非做不到。／只要願意（人的主體性）就能行仁政，成王道。

(E) 我沒見過真正喜愛仁德的仁和憎惡不仁的人。真正喜愛仁德的人，會覺得世上沒有比仁更好的了；憎惡不仁的人，他行仁道，不讓不仁的事發生在自己身上。有人能花一天的功夫在仁道上嗎？我沒見過力量不夠（不足以行仁）的。／最後兩句指人都有能力行仁。

20. **ACDE**

【解析】 (B) 詞牌是詞的曲調名，和內容無關。

21. **CD**

【語譯】 (甲) 收藏書畫的人，多注重虛名，偶然傳出某些作品是鍾繇、王羲之、顧愷之、陸探微的手筆，見到的人都爭著搶購，這就是所謂的「耳鑒」。又有看畫的人用手觸摸，相傳以為畫布摸起來平整不硌手的是佳畫，這又在耳鑒之下，稱為「揣骨聽聲」（本指占卜者靠手摸揣測人的骨相，又聽人的聲音，以判斷人之貴賤吉凶的相法。後以比喻牽強附會，妄加評判）

(乙) 書畫的妙處，應該用心神體會，難用形器上的相似來評判。世人看畫，多只能指出畫中形象、位置、色彩上的瑕疵而已，至於能暗中心領神會其畫作意境者，少有人能做到。如彥遠《畫評》說的：「王維畫物，多不管四季節令，比如畫花，往往把桃、杏、芙蓉、蓮花等不同季節開的花同畫在一景之中。」

【解析】 (A) 「耳鑒」為「多取空名」，作者不認可這種鑒賞態度。

(B) 以手摸畫這種鑒賞方法，作者稱之「揣骨聽聲」，認為更在「耳鑒」之下。

(E) 形象與位置等是一般世人觀畫之法，但「書畫之妙，當以神會，難可以形器求也。」好壞關鍵應在意境神韻上。

22. **DE**

【解析】 (A) 即使是穿鑿附會之說，還保存了下來；晉國和楚國的史書，也有很多值得採信的。／說明保存史料的重要性。

(B) 對著長江飲酒，橫置長矛，吟誦詩歌，本是一代英雄啊！可是如今又在哪裡呢？／弔古傷今，英雄尚且隨時間淘洗而逝，感慨生命的渺小短暫。

(C) 所以文王被囚時仍推演《周易》，不因困窮而不著述；周公顯達後還制禮作樂，不因安樂而改變著述的心志。／著述立言是不朽盛事，不因窮通禍福而改變。

23. **BCE**

【解析】 (A) 洛夫詩的「客人」、「他」指李白。

(D) 聽了蜀僧濬彈的美妙琴聲，客中鬱結的情懷，像經過流水洗了一樣感到輕快。／「流水」指美妙的琴聲。

第貳部分：非選擇題

一、候選素材說明

【範例】

　　日治時期的老建築，位於都更區域中。建築公司與居民協調後，決定保留老建築並協助整修，使之成為提供民眾活動空間的公民會館。新建築中的老房舍，是社區歷史發展的見證人；新社區中的老居民，既能享受更好的居住品質，又能感受文化傳承的延續。老建築成為公民活動場所，生活的脈動活躍著，為老建築注入新生命，增添新回憶。

二、參展素材分析

【範例】

（一）五叔婆頭髮稀疏，頭頂光禿，僅剩後腦勺一小撮頭髮。但她仍想努力遮掩歲月無情的痕跡，用墨炭畫出額角與髮頂，為自己爭取美好一點的形象。

（二）母親年輕時也有一頭烏亮的好髮，但只會給自己梳並不好看的螺絲髻、鮑魚頭，即使看到姨娘頭上各種時髦好看，引得父親笑瞇了眼的髮髻，仍舊不為所動。可以看出母親性格保守、不愛裝扮外表，也不愛與人爭鋒，面對姨娘的爭寵，她只是無奈接受。

母親年紀大後頭髮漸稀少，患病後無法打理，只得順應身體病痛的事實，把頭髮剪去。母親一直是個逆來順受，默默承擔的人。

（三）姨娘梳各式各樣時髦的髮髻，常得父親帶笑看。父親死後，無法「為悅己者容」，因此只梳個簡單的香蕉卷，歸於平淡，也與母親和解，相依作伴。到臺灣後，當年的青絲日漸稀疏，當年的恩怨也隨著歲月消逝。

三、引導寫作：我看歪腰郵筒

【範例】

　　去年八月，造成全台嚴重災損的蘇迪勒颱風剛離去，電視新聞與網路上佔據版面的，不僅是滿目瘡痍的災後景象與各地的災情統計，還有一個讓播報員的語氣由沉重轉為喜聞樂見的新聞——兩個被強風吹落的招牌砸歪的郵筒。

　　一時間,「歪腰郵筒」由災情新聞的花絮躍升為人人注目的主角,更從螢幕上的影像變成眾人實地踏查的景點。許多人以「到此一遊」為榮為樂,攜家帶眷甚至帶上寵物,必親臨郵筒歪腰現場,拍照打卡,以認證在此熱鬧事件中的參與。有人說這是苦中作樂,以幽默做集體的身心調養;有人說這是盲目跟風,將災難娛樂化。有人說由此可見臺灣社會集體低能,不關心大事,只知小確幸;有人說文創商品乘勢做文章,可見台灣人靈活應變。

　　我沒跟著熱潮,到場見證或轉發照片,倒是看著這場熱鬧引發了一些想法。

　　這是個自媒體的時代,人人都在社群網路上展現自己,也因此有了追隨時尚的焦慮。把自己當成 SNG 車似的,沒有跟上即時轉播就落伍了,因此追求的是快,是從眾。沒有時間沉澱,不夠時間思考,因為追求的只是那一瞬間的「讚」,而非禁得起細細咀嚼的雋永。人都需要獲得肯定來成就自我價值,但不知道這樣的肯定是堅實的基石,讓人站得更高,還是虛浮的浪花,讓人一腳踩空?

　　近年來「萌系」大行其道,大家熱愛各種「可愛」的東西。可愛的東西能夠療癒人心,讓人心情愉快。歪腰郵筒呈現了偏離常規的變化與擬人化後的可愛,因而也引發追捧。但追求是人心的鏡子,我們是否該正視追求可愛事物的我們,是想療癒什麼苦悶呢?追求這些小小的安慰,又能否為我們帶來更大的幸福?

　　引發熱潮的歪腰郵筒,也引發了人們的熱議與省思,其實我們都是在不同的事物上投射出自己的情感與思想。歪腰郵筒也許已是明日黃花,但願我們可以藉由每次的事件多想想。熱潮會消退,而思潮會積累成一個獨一無二的自己。

【附錄】

105年度學科能力測驗
英文考科公佈答案

題號	答案	題號	答案	題號	答案
1	C	21	C	41	C
2	D	22	B	42	B
3	A	23	D	43	B
4	C	24	A	44	D
5	A	25	B	45	C
6	D	26	D	46	B
7	C	27	D	47	A
8	D	28	B	48	C
9	A	29	C	49	D
10	C	30	A	50	C
11	B	31	J	51	B
12	A	32	C	52	A
13	A	33	D	53	A
14	C	34	G	54	C
15	D	35	I	55	A
16	A	36	H	56	D
17	C	37	F		
18	B	38	B		
19	D	39	A		
20	D	40	E		

105 年度學科能力測驗
國文、數學考科公佈答案

國　文		數　學					
題號	答案	題　號		答案	題　號		答案
1	C	1		3		20	1
2	A	2		5		21	4
3	B	3		2	D	22	1
4	B	4		1		23	—
5	A	5		2		24	2
6	D	6		4	E	25	6
7	A	7		2,3,5		26	1
8	D	8		1,2,4	F	27	9
9	C	9		3,5		28	3
10	D	10		1,4,5		29	6
11	B	11		1,2,4	G	30	4
12	A	12		2,5		31	3
13	B	13		4,5			
14	B	A	14	4			
15	C		15	2			
16	BCE	B	16	7			
17	BCE		17	2			
18	CE	C	18	1			
19	BCDE		19	5			
20	ACDE						
21	CD						
22	DE						
23	BCE						

105年度學科能力測驗
社會考科公佈答案

題號	答案	題號	答案	題號	答案	題號	答案
1	D	21	C	41	A	61	B
2	A	22	B	42	D	62	A
3	B	23	C	43	D	63	B
4	D	24	D	44	A	64	A
5	B	25	B	45	C	65	B
6	A	26	C	46	D	66	C
7	D	27	B	47	A	67	A
8	B	28	D	48	D	68	C
9	B	29	D	49	A	69	D
10	D	30	D	50	B	70	A
11	C	31	B	51	B	71	A
12	C	32	C	52	D	72	C
13	D	33	A	53	D		
14	D	34	A	54	D		
15	C	35	C	55	C		
16	C	36	D	56	C		
17	C	37	C	57	D		
18	B	38	D	58	A		
19	B	39	B	59	C		
20	C	40	A	60	B		

105年度學科能力測驗
自然考科公佈答案

題號	答案	題號	答案	題號	答案	題號	答案
1	A	21	D	41	D	61	BC
2	D	22	C	42	B	62	D
3	E	23	B	43	C	63	E
4	D	24	D	44	ACE	64	B
5	C	25	B	45	AB	65	B
6	B	26	D	46	E	66	BE
7	E	27	E	47	B	67	BCD
8	B	28	D	48	D	68	C
9	D	29	BD	49	B		
10	D	30	ACD	50	ABD		
11	E	31	ABE	51	ADE		
12	B	32	AB	52	E		
13	A	33	BC	53	B		
14	B	34	CD	54	BDE		
15	D	35	AC	55	AC		
16	E	36	AE	56	C		
17	D	37	CE	57	A		
18	A	38	E	58	C		
19	C	39	C	59	DE		
20	B	40	B	60	BDE		

105 年學科能力測驗各科試題詳解

主　　　編 / 劉　毅
發 行 所 / 學習出版有限公司　　　☎ (02) 2704-5525
郵 撥 帳 號 / 05127272 學習出版社帳戶
登 記 證 / 局版台業 2179 號
印 刷 所 / 裕強彩色印刷有限公司
台 北 門 市 / 台北市許昌街 10 號 2 F　　☎ (02) 2331-4060
台灣總經銷 / 紅螞蟻圖書有限公司　　☎ (02) 2795-3656
本公司網址　www.learnbook.com.tw
電 子 郵 件　learnbook@learnbook.com.tw

售價：新台幣二百二十元正

2016 年 2 月 1 日初版

4713269381488　　　　　　　　版權所有・翻印必究